从历史中汲取智慧

为什么要学习中国近代史

戴逸 —— 著

中国人民大学出版社

·北京·

目　录

辛亥革命

五四运动

要重视学习中国近代史（代序）*

中国近代史应该从1840年旧民主主义革命开始的鸦片战争算起，到1949年新民主主义革命胜利、中华人民共和国成立为止，共110年，包括整个民主革命的全过程。这是中国在帝国主义的侵略下，从封建社会沦为半殖民地半封建社会的历史，又是中国人民奋起反对帝国主义、封建主义的侵略和压迫，经过长期艰苦的斗争，变半殖民地半封建的旧中国为社会主义新中国的历史。

这110年，中国社会发生了极其迅速而剧烈的变化，中国人民经历了难以叙述的苦难。在外国的侵略下，原有自给自足的封建经济结构逐渐瓦解，商品经济得到了发展，出现了资本主义的工商业，但是，封建经济的基础仍然保持着，仍然很强大。帝国主义勾结、支持封建地主阶级、大资产阶级，牢牢控制着中国的经济、政治和文化，残酷地压迫和剥削中国人民，竭力阻挠中国的进步。中国的资本主义经济虽然产生了，但“先天不足，后天失调”，在重重的压抑下，得不到正常的、健康的发展，因此，中国不可能像欧美国家那样，建立资本主义社会。在帝国主义、官僚、军阀、豪绅的统治下，中国经济凋敝，政治混乱，内战不息，灾荒频仍，豺狼当道，暗无天日。劳动人民衣不蔽体，食不果腹，过着牛马不如的生活，中华民族处在存亡绝续的艰难危急之中。

中国人民不甘心任人宰割，他们前仆后继，奋不顾身，和侵略者、压迫者进行殊死的战斗，中国近代史上的阶级斗争空前激烈而复杂。帝国主义、地主阶级和大资产阶级组成了顽固强大的反动营垒，它们在中国社会生活的各个领域占据着支配地位，疯狂地反对

---

* 原载《前线》，1981年第3期。

人民，一次又一次规模极为壮阔的革命运动都在强大敌人的血腥镇压下失败了，无数的革命烈士为此抱终天之恨。

中国的民主革命时间很长，道路很曲折，牺牲很重大。中国的农民阶级一直是活跃在近代历史舞台上的革命主力军，先是独立地承担反帝反封建的任务，发动了太平天国革命和义和团运动，以后又在中国无产阶级的领导下，成为无产阶级最重要、最亲密的同盟军。中国的资产阶级和无产阶级诞生于帝国主义入侵中国之后，中国的资产阶级分成两个部分：大资产阶级依附于帝国主义，站在反革命方面；而民族资产阶级虽然也和帝国主义、封建主义存在着千丝万缕的联系，但又受它们的压迫，和它们有深刻的矛盾。在中国无产阶级自觉地登上历史舞台之前，民族资产阶级曾经是中国革命的领导者，它组织和发动了辛亥革命那样全国规模的革命，推翻了清王朝。但是，由于民族资产阶级的软弱性、妥协性，未能领导革命取得彻底胜利，革命的果实被帝国主义扶植的大军阀、大官僚所篡取。后来，民族资产阶级参加了中国无产阶级领导的新民主主义革命，它和城市小资产阶级都属于人民的范畴，都是革命统一战线中的成员。至于中国的无产阶级，它身受三重压迫，革命最坚决；它和先进的生产方式相联系，有远大的目光，有很强的组织性、纪律性；它较早接受了马克思列宁主义作为指导思想。由于主客观的和国内外的种种条件，民主革命的领导重任必然地落到了中国无产阶级的肩上。无产阶级的革命领导权是通过中国共产党实现的。

中国共产党是中国无产阶级的先进的、有组织的部队，以毛泽东为主要代表的中国共产党人把马列主义的普遍原理和中国革命的具体实践相结合，形成了适合中国情况的科学的指导思想，这就是毛泽东思想。自从 1921 年中国共产党诞生以后，中国革命就进入了新阶段，打开了新局面。在中国共产党的领导下，组成了浩浩荡荡的革命大军，经历了北伐战争、土地革命战争、抗日战争和解放战争的漫长历程，中国人民冲破了千难万阻，战胜了穷凶极恶的阶级敌人，终于取得了新民主主义革命的伟大胜利，建立了社会主义新中国。一部中国近代史，就是中国的无产阶级、农民阶级、民族资产阶级和小资产阶级为了解除帝国主义、封建主义的压迫，使中国摆脱贫困落后状态，争取民主、独立，并进而建设繁荣、富强的社会主义国家的英勇奋斗史。

中国近代史的内容多么的丰富、生动、曲折！这110年间，充满着可歌可泣的英勇斗争的事迹，留下了许多成功或失败的宝贵经验教训。它离开我们的时间很近，是我们祖、父、兄辈出生入死，进行斗争的舞台，跟现实和未来的关系极为密切，今天和今后出现的问题与矛盾，都要到中国近代史上寻找自己的来历和根源。中国近代史是我们认识中国国情、提高思想觉悟、学习优秀传统、发扬革命精神的不可缺少的教材，是我们汲取智慧和力量的取之不竭的源泉。毛泽东说要认真学习历史，“今天的中国是历史的中国的一个发展”①，“不但要懂得中国的今天，还要懂得中国的昨天和前天”②，“特别重要的是中国共产党的历史和鸦片战争以来的中国近百年史”③。

今天，学习是一项特别重要的任务，学政治、学科学、学技术、学文化。中国近代史是极其重要的学习项目。这是因为：

第一，学习中国近代史，可以更加坚定我们走社会主义道路的信念。

中国近代的历史证明，千千万万的革命先烈和志士仁人，为拯救国家和民族的危亡，从事斗争，进行探索，曾经设计了种种救国的方案，但是很多方案被实践所抛弃，证明是行不通的。只有社会主义才能救中国，这是历史的结论。

当初，以洪秀全为首的太平天国农民英雄们，奋起反对清王朝的封建统治，建立了革命政权，颁布了《天朝田亩制度》，提出“有田同耕，有饭同食，有衣同穿，有钱同使，无处不均匀，无人不饱暖”的社会理想，反映了亿万贫苦农民一心向往的愿望。但是，这种按照小农经济狭隘范围而设计的社会蓝图，排斥大工业和商业，违反经济发展的要求，不能促进生产力的发展，不可能真正地付诸

---

① 《毛泽东选集》，1版，第2卷，499页，北京，人民出版社，1952。

② 《毛泽东选集》，1版，第3卷，759页。

③ 同上书，756页。

实施。太平天国革命的失败说明，按照小农经济改造整个中国社会的设想是根本行不通的。

19世纪末，以康有为为代表的资产阶级维新派发动了戊戌变法运动和思想启蒙运动，开学堂、办报纸、兴实业，介绍西方的资产阶级学说和制度，企图把中国推上资产阶级君主立宪的轨道。康有为描绘了一个没有压迫、没有苦难、人人平等的大同世界的乌托邦。可是，反动派不允许对腐败的局面进行任何改革，无情的屠刀对准了维新的志士们，一切变法措施和思想乌托邦都落空了。正像毛泽东所说："康有为写了《大同书》，他没有也不可能找到一条到达大同的路。"①

20世纪初，中国人民觉悟到，要救亡图存，就必须用武力打倒帝国主义的走狗清朝政府。伟大的革命先行者孙中山先生提出了"驱除鞑虏，恢复中华，建立民国，平均地权"的旧三民主义，中国第一次有了明确的资产阶级革命纲领。资产阶级革命派领导和动员了千百万群众，奋起战斗，推翻了清朝政府，结束了长达2 000多年的封建帝制，这是不可磨灭的伟大功勋。但是，旧三民主义的纲领仍然行不通，辛亥革命以后，大地主、大军阀篡权横行，议会民主被践踏，民主约法被废弃，各派军阀争权夺利，连年混战。人民群众毫无权利，更加陷于水深火热之中。

旧民主主义革命的80年深刻地教育了中国人民，农民的和资产阶级的方案相继失败，都不能拯救中国。此后的中国革命分成了两步走：第一步，由中国共产党领导人民大众，推翻帝国主义、封建主义的统治，取得新民主主义革命的胜利；第二步，当新民主主义革命在全国取得胜利后，必然会不停顿地转变为社会主义革命，废除生产资料私有制，消灭阶级剥削的基础。这两步紧密地相互衔接，不容横插资本主义阶段。中国的近代历史证明，社会主义是民主主义革命发展的必然趋势。只有社会主义才能救中国，才是复兴中华民族的康庄大道。正像叶剑英在国庆30周年讲话中所说：社会主义

① 《毛泽东选集》，1版，第4卷，1360页。

制度不是无缘无故地在中国出现的，它是中国历史发展的必然结果，是中国亿万人民在长期奋斗中做出的决定性选择。

第二，学习中国近代史，可以进一步认识中国共产党的伟大、光荣、正确，认识马列主义、毛泽东思想的伟大指导作用。

中国革命的敌人是十分强大而狡猾的，帝国主义、封建地主阶级、大资产阶级有丰富的统治经验，拥有经济、政治、军事、文化的全面优势，战胜这样强大的敌人是极为困难的任务。“敌强我弱”是中国近代革命运动的基本特征。在中国共产党诞生之前，许多革命先烈抛头颅、洒热血，进行了极为艰苦的斗争，但是这些斗争都失败了。斗争失败的重要原因是没有坚强的革命领导，缺乏科学的指导思想，因此不可能扭转敌强我弱的客观形势。只有作为中国无产阶级先锋队的中国共产党，才能领导人民大众，克服重重险阻，推翻帝国主义、封建主义和官僚资本主义三座大山。历史证明：中国共产党是中国人民的领导核心。它坚韧不拔，朝气蓬勃，全心全意为人民服务，并且敢于斗争，善于斗争；它能够动员和团结亿万人民群众，在困难复杂的环境中，将中国革命引向一系列的胜利；它在失败时不气馁、不退缩，在胜利时不居功、不骄傲，永远向着社会主义、共产主义的远大目标奋勇前进。中国共产党无愧于伟大、光荣、正确的称誉。有了这样的领导核心，中国人民才有今天的解放，也才有未来的光辉前程。

中国共产党是以马列主义、毛泽东思想武装起来的政党。中国人民通过俄国的十月革命找到了马克思主义的科学理论。“十月革命一声炮响，给我们送来了马克思列宁主义。十月革命帮助了全世界的也帮助了中国的先进分子，用无产阶级的宇宙观作为观察国家命运的工具，重新考虑自己的问题。”① 但是，如何运用马列主义原理于中国这个半殖民地半封建的大国，指导中国的革命，仍然是巨大而未解决的课题。党在历史上曾经一再重犯教条主义或经验主义的错误，使革命遭到重大的损失。毛泽东的伟大贡献就在于克服了种

① 《毛泽东选集》，1 版，第 4 卷，1360 页。

种错误思想，端正了方向，挽救了革命，在党和人民的集体奋斗中，把马列主义的普遍原理同中国革命的具体实践成功地结合起来，总结与创造了一整套符合中国情况的革命理论和战略策略，引导革命取得了伟大胜利。

第三，学习中国近代史，可以使我们更好地继承与发扬爱国主义和革命英雄主义精神。

在100多年反对帝国主义和封建主义的伟大斗争中，千千万万革命志士在爱国主义和革命英雄主义精神的鼓舞下，为拯救国家危亡、复兴中华民族血洒大地，英勇献身。他们以百折不挠的勇气、大无畏的精神在中国近代历史上谱写了无数气壮山河的战歌，哺育和激励着后继的革命者。中国人民确有充沛的爱国热情和英勇的斗争传统，不管敌人的力量多么强大、手段多么凶残，斗争的环境多么不利，中华民族的优秀儿女们都从不畏怯退缩，从不奴颜婢膝，从不心灰意冷，不屈不挠、再接再厉地战斗着。他们的胸中燃烧着真理的火焰，不畏漫长黑夜的严寒，执着地、勇猛地前进，坚信革命必能胜利，国家必能强盛，民族必能复兴。这种爱国主义和革命英雄主义的传统，从旧民主主义革命时期到新民主主义革命时期和社会主义革命时期，一脉相承而日益高昂。在中国共产党的斗争史上得到了最为集中、最为光辉的发扬。老一辈的革命家都是中国历史上最杰出的爱国主义者和最豪迈的革命英雄主义者。无产阶级革命家方志敏在狱中写下了辉煌的遗篇《可爱的中国》；许多共产党员写下了“砍头不要紧，只要主义真”“革命何须怕断头”等壮丽感人的诗篇。他们有强烈的爱，爱祖国、爱人民、爱自由；他们有坚贞的信念，相信真理必将战胜邪恶，共产主义一定会实现。人是要有一点精神的，一个国家、一个民族更需要有这种精神。一部中国近代史充满着爱国主义和革命英雄主义精神，每当帝国主义国家加紧对中国的侵略和压迫，在中国人民中就会激起波澜壮阔的爱国和革命的热潮，可歌可泣的斗争事迹，不畏强暴、勇敢献身的英雄人物，何止千千万万。正是爱国主义和革命英雄主义精神的高度发扬，使我们伟大民族经历了长期的历史变迁而仍保持着蓬勃生机，使任何帝国主义都不可能灭亡中国，也使我们的宏伟事业有了强大的推动力。

总之，学习中国近代史是大有教益的。近代史上的许多次轰轰烈烈的斗争虽然已成为历史的陈迹，但历史是既不能割断又不应遗忘的。过去的斗争是后来人民革命胜利的伟大基石。我们要善于向历史学习，向过去的斗争学习，吸取历史的经验教训，继承革命的优秀传统，认识中国的过去和今天，用历史的规律性知识武装自己。这样，我们就能更好地为社会主义服务，建设光辉灿烂的未来。

鸦片战争

鸦片战争的历史不应忘记*

1840 年（清道光二十年）第一次鸦片战争爆发。在这以后，中国人民受尽了凌辱和苦难，值得我们纪念、反思，而永远不应该忘记。

从 19 世纪初，英国商人在中国大搞鸦片贸易，烟毒泛滥，为患甚烈。清政府派林则徐为钦差大臣、两广总督，进行禁烟。林则徐为清除烟毒，和侵略者进行坚决斗争，迫使英国鸦片贩子交出鸦片烟 2 万余箱，在虎门销毁。1840 年英国为维护肮脏的鸦片贸易，悍然出兵。4 月英国议会以微弱多数通过了远征的军事拨款，6 月，英国战舰到达中国海面，进攻广东、福建、浙江，驶至天津，以后由于气候渐冷，返回广东。清政府害怕英国船坚炮利，一味妥协，禁烟有功、坚持抗英的林则徐被罢官遣戍，投降派琦善代替了林则徐，在广州举行谈判。英方提出《穿鼻草约》，要求赔偿烟价、开放口岸及割占香港岛等条件，并于 1841 年 1 月 26 日武装占领香港岛。清朝，作为一个独立国家的政府不甘心自己的领土香港岛被占领，拒绝英方的条件，于是战端再起。战争延续两年，先在广东进行，以后，战火蔓延到浙江、江苏。清政府虽调集了大批军队，但忽战忽和，方针不定，军队内部腐败，又不肯相信和动员人民，因此，在英国侵略军的进攻下，屡战屡败。1842 年，英舰驶入长江，进逼南京。清政府惊魂丧胆，向英国乞降，接受城下之盟，签订了中英《南京条约》，规定赔款银 2 100 万两；开广州、厦门、福州、宁波、上海五口通商；协定关税；割让香港岛等丧权辱国的条款。《南京条约》是外国侵略者强加在中国人民身上的第一道枷锁，从此，帝国

---

* 原载《群言》，1990 年第 6 期。原标题为《鸦片战争 150 周年祭》。

主义国家纷至沓来，强迫清政府接受一个又一个不平等条约，对中国肆意蹂躏。中国从一个独立的封建社会逐步沦为半殖民地半封建社会，广大人民陷入水深火热的痛苦生活之中。

1860年英法侵略军攻占天津，10月进攻北京，咸丰皇帝逃往热河，英法军队野蛮地抢劫了收藏在圆明园中的无数文物古玩、书画珍宝，并把这一优美、宏伟、世界闻名的皇家园林付之一炬，这是外国侵略军对中国犯下的滔天罪行。同年，俄国追随英法侵略军，胁迫清政府签订中俄《北京条约》，割占了黑龙江以北、乌苏里江以东约100万平方公里的中国领土，其面积相当于今天我国版图的十分之一强，或者如恩格斯所说，俄国“夺取了一块大小等于法德两国面积的领土和一条同多瑙河一样长的河流”①。

8个帝国主义强盗勾结在一起，穷凶极恶地扑向中国，镇压了义和团运动，强迫清政府签订《辛丑条约》。北京，作为伟大祖国的首都，曾经三次被外国占领，蒙受屈辱。第一次是英法联军；第二次是八国联军；第三次是抗日战争，即1937年七七卢沟桥事变后。帝国主义侵略步步深入，造成了民族的灾难和国家的危机。中国近代史上充满着一连串的国难和国耻，我们伟大而具有悠久文明传统的祖国，在当时任人宰割，饱受艰辛，苦难深重，中华民族的子孙世世代代都不能忘记这段历史。

帝国主义的疯狂侵略激起了中国人民的强烈反抗，所以，一部中国近代史，最主要、最根本的矛盾就是中华民族同帝国主义的矛盾。从鸦片战争以来，中国产生了许多优秀的爱国英雄和革命志士，他们为反对侵略、拯救危亡，为使祖国独立富强，进行了不屈不挠的斗争和艰苦卓绝的探索。爱国主义空前高涨，一浪高过一浪。当鸦片战争中，英国发动野蛮进攻时，清军中就有关天培、陈化成、葛云飞、郑国鸿、王锡朋等英勇抵抗，作战牺牲；更有广州三元里人民奋起抗英，挫败了武装到牙齿的侵略军，他们写下了近代中国人民反抗外来侵略的开首篇章。还有以林则徐、魏源为代表的开明

① 恩格斯：《俄国在远东的成功》。

派，开始冲出闭关锁国的牢笼，睁眼看世界，要求向西方学习救国救民的真理。这是中华正气之萃集，爱国精神之升华，世代相传，绵延勿替。近代中国受那么多帝国主义的侵略，经历那么多残酷的战争，但中国没有被瓜分，没有被灭亡，最主要的就是在爱国主义思想的鼓舞下，中国人民英勇抵抗，不畏强暴，不惜牺牲，使得帝国主义不可能灭亡中国。连八国联军的统帅、德国将军瓦德西也领略到了中国人民团结御侮的强大威力，他不得不承认：“无论欧美日本各国皆无此脑力与兵力可以统治此天下生灵四分之一，故瓜分一事，实为下策”。爱国主义像一条红线一样，贯串在中国的近现代史上，它是我们国家和民族能够生存、自立、自强的精神支柱。

回顾历史，反思中华民族走过的路程，应该在社会上，特别是青年学生中进行历史教育，使他们了解中国的昨天和前天，激发爱国主义，这是社会主义精神文明建设的重要部分。爱国主义是对祖国悠久历史和伟大文明的认同与自豪，是对民族命运的高度责任心。它深深植根在中国的土地上，是团结和凝聚各个民族、各个家庭、各个个体的伟大力量。爱国主义精神世代延续，日益发扬，它像长江、黄河一样宽广浩荡，源远流长，灌溉滋润着中华民族儿女们的心田，激励他们顶住压力，克服困难，努力前进，渡过一次又一次的民族危机。当鸦片战争爆发的时候，中国贫穷落后，手中只有大刀长矛，而且对外部世界一无所知，对洋枪洋炮的进攻毫无准备，但人民群众和以林则徐为代表的抵抗派，为了保卫国家的主权和独立，敢于同凶恶的敌人进行拼搏。他们所依靠的正是爱国的思想和信念，正是中华民族的自尊和自豪。近代史上的许多志士仁人、革命烈士抛头颅，洒热血，与帝国主义、封建主义进行长期斗争，激励他们的也是这种爱国的精神，即是要建立一个不受欺凌、不受压迫的独立、繁荣、富强的新中国。

“俱往矣，数风流人物，还看今朝”。今天和鸦片战争的时代已根本不同，中国人民已经站起来了，正走在社会主义现代化建设的伟大征途上。爱国主义仍然是我们的传家宝，各个时代的爱国主义既先后传续，一脉相承，又不断丰富发展，增加新的内容。今天的爱国主义是以拥护社会主义为依归，因为，社会主义使中国摆脱了半殖民地半封建的屈辱地位，改变了贫穷落后的状况，并为我们开辟了繁荣富强的光辉前景。只有社会主义才能够拯救中国，复兴中国。所以，爱中国和爱社会主义密切结合，不可分离。社会主义时代的爱国主义就是完全地、彻底地为广大人民服务，努力进行现代化建设，使国家昌盛，人民幸福。社会主义时代的爱国主义又和无产阶级的国际主义相结合，在保卫和发展我们国家的利益时，尊重其他国家的尊严和利益，反对任何形式的侵略、干涉、和平演变。

现在，全国正在掀起以社会主义为中心内容的爱国主义浪潮，它将成为现代化建设的强大动力。在爱国主义精神的鼓舞下，全国人民将为国家和民族的复兴努力奋斗！

纪念鸦片战争　弘扬爱国精神*

鸦片战争是中国历史发展的重要转折点，世界资本主义列强，用武力打开中国的大门，把一系列不平等条约强加给中国人民，从此独立的封建中国逐步地沦为半殖民地半封建社会，中国人民陷入水深火热的痛苦生活之中。

鸦片战争是由英国向中国进行殖民扩张并非法贩运鸦片而引起的。长时期以来，英国商人在其政府的支持下，从事肮脏的鸦片贸易，掠夺中国的财富，扰乱中国的经济，毒害中国人民的身心健康，也使清朝政府的税收减少，清朝士兵的素质下降。就像林则徐所说：鸦片“流毒于天下，则为害甚巨，法当从严。若犹泄泄视之，是使数十年后，中原几无可以御敌之兵，且无可以充饷之银”。清政府也曾三令五申禁止吸食和贩运鸦片，但外国鸦片贩子用贿赂和走私破坏禁烟的命令，英国鸦片商人日益猖獗的贩毒行为使中英矛盾大大激化。马克思当年在《毒面包案》中曾经指出：发生这场战争的根源是“因为中国当局不愿意让他们的人民为了东印度公司和英、法、美各国少数不法商人的金钱利益而被鸦片所毒害的原故”。

在鸦片日益泛滥的情况下，清政府派遣林则徐为钦差大臣到广东禁烟。林则徐是具有爱国精神、开明思想和廉洁正直作风的伟大人物，他在广东雷厉风行地禁烟，迫使英国鸦片贩子交出 2 万多箱鸦片，于 1839 年 6 月 3 日在虎门销毁。这一行动向全世界宣示了中华民族高尚的道德精神和反抗外国侵略的决心。

英国政府为了维护贩毒的利益，决定派遣侵华远征军，1840 年 4 月，英国议会以 9 票的微弱多数通过对华远征军费的拨款；6 月，

---

* 原载《人民日报》，1990 年 6 月 18 日。

48 艘英国船舰来到中国海面发动进攻，鸦片战争爆发。

清朝政府为了维护自己的利益，曾经进行了禁烟和抵抗。但当时它的统治已趋衰落，政府腐败，财政困难，军队战斗力低下，因此，清政府不可能也不愿意把抵抗进行到底。它在英国的坚船利炮面前，畏怯动摇，时战时和，方针不定。战争进行了两年之久。清朝罢免了禁烟有功、备战认真的林则徐、邓廷桢，任用琦善、奕山等妥协派，使战局失利。1841 年 1 月英军武装占领香港，进攻虎门，关天培等爱国官兵坚守阵地，血战牺牲，数万清军在错误的指挥下完全退缩进广州城，任凭侵略军横行无忌。1841 年 5 月 30 日广州郊区三元里人民奋起抵抗，他们用原始的刀矛锄镢，把侵略军包围在山岗和树丛中，狠狠地打击了敌人的嚣张气焰。“一时义愤同赴，不呼而集者数万人”，显示了人民群众中反侵略的伟大力量。此后战火蔓延到浙江和江苏，清朝统帅指挥紊乱，一触即溃，狼狈逃窜，但江浙人民自发进行抵抗，许多爱国官兵如陈化成以及镇江的旗兵英勇作战，以身殉国。恩格斯在《英人对华的新远征》中热情地称赞中国官兵的爱国精神，他说：抵抗英国的镇江旗兵“决不缺乏勇敢和锐气。这些驻防旗兵总共只有 1 500 人，但却殊死奋战，直到最后一人。……在这次战斗中，英军损失了 185 人……如果这些侵略者到处都遭到同样的抵抗，他们绝对到不了南京”。

有人说：鸦片战争时，中国不应该抵抗，因为中国的武器落后，军事和经济力量不如人，战争必败，何必抵抗？这种观点是错误的。难道弱者就只能被强者所欺凌，只能逆来顺受，而不允许反抗？林则徐和三元里人民不畏强暴，保卫国家的尊严和利益，正是爱国主义崇高精神的表现。中国也只能在斗争中逐渐锻炼和积聚力量，在抵抗外国侵略的同时学习外国的长处，才能由弱变强。何况当时的英国虽强，但远在数万里外，只派出了少数军队，在中国的沿海、沿江作战，不能进入内地。如果清政府政治上较清明，能够坚持抵抗，英国就不会那样轻易地取胜。

1842 年 8 月侵略军进逼南京，清政府做城下之盟，向英军乞降，接受《南京条约》。其主要内容为：（1）割让香港岛给英国，由英国

“常远据守主掌，任便立法治理”，从此香港成为英国在远东的军事和商业基地，给帝国主义侵略中国提供了方便。(2) 中国开放广州、厦门、福州、宁波、上海为通商口岸，英人可以自由居住、自由贸易，中国的门户完全洞开在外国侵略者的面前。(3) 中国赔款 2 100 万银元，其中 600 万银元为烟价，300 万银元为商欠，1 200 万银元为军费。另外尚有 600 万银元广州赎城费。这笔巨额赔款相当于清政府一年财政收入的一半，使中国陷入更贫困的境地。(4) 英国进出口货物的纳税“均宜秉公议定税则”，也就是说海关税率须与侵略者议定。从此中国开始失去海关主权，外国商品在低税的保护下向中国倾销，中国民族工商业和农民小生产者遭到沉重的打击，中国的社会经济凋敝不振。

总之，《南京条约》是丧权辱国的条约，是外国侵略者捆绑中国人民的第一道锁链。从此帝国主义纷纷前来欺压中国，向清政府提出种种侵略要求。有人说：鸦片战争对中国有利，给中国带来了文明。这是十分荒谬的。鸦片战争带来的是割地赔款、主权丧失和鸦片泛滥，带来的是野蛮而不是文明。至于中国和世界文明的接触，这是历史发展的大势所趋，而不是侵略战争带来的。相反，由于中国和世界列强开始交往时就遭到重大打击，以后又不断挨打，使得经济凋敝，人民贫困，国家衰弱。事实是帝国主义的侵略造成了中国近代社会发展的迟缓，造成了中国的苦难和屈辱。

帝国主义的疯狂侵略激起了中国人民的强烈反抗，所以一部中国近代史既是帝国主义侵略中国的历史，又是中国人民反对帝国主义侵略的历史。中国的无数志士仁人为了拯救国家危亡，振兴中华民族，或者浴血奋战、英勇献身，或者奔走呼号、力图革新，或者潜心探索、寻找救国的真理，他们走过了艰难曲折、荆棘丛生的路程。尽管面对的敌人十分强大，但中国人民团结一致、不畏强暴，坚决抵抗、百折不挠，爱国主义浪潮空前高涨。近代中国遭受那么多帝国主义国家的军事进攻，经历了多少残酷的战争，但中国没有被瓜分，没有被灭亡，最主要的就是在爱国主义的鼓舞下，中国人民英勇奋战的结果。

回顾历史，反思中华民族走过的路程，应该进一步弘扬爱国主义。爱国主义是对生于斯长于斯的土地田园和自己人民的深挚的眷恋，是对悠久历史和文化传统的崇高自豪，是对国家、民族的命运的高度责任感。爱国主义是一种巨大的精神力量，它深深地植根于中国久远的历史之中，产生在一定的政治、经济和文化的基础之上，又反过来给予政治、经济、文化的发展以重大的影响。无论人们属于什么阶层和民族，信仰什么宗教，是什么职业分工，心底深处都蕴涵着爱国主义。这种崇高精神的发扬能够变成实实在在的物质力量。正是依靠这种精神，我们度过了许多次民族危机。爱国主义的精神世代延续，日益发扬，它像长江、黄河那样宽阔浩荡，源远流长，灌溉、滋润着中华民族儿女的心田，使我们国家和民族自强不息，具有伟大的凝聚力和生命力。

今天的情况根本不同了，中国已发生了天翻地覆的变化。在中国共产党的领导下，中国人民推翻了帝国主义、封建主义、官僚资本主义的统治，正热火朝天地进行伟大的社会主义建设。在过去战争时期，我们需要爱国主义；在今天和平建设时期，我们同样也需要爱国主义。无论什么时候，人总是要有点精神的。一个国家和民族如果不努力提高道德情操，不注意建设精神文明，就谈不到国家的繁荣和民族的振兴。当前要社会稳定、经济发展，进行社会主义现代化建设，必须要凝聚全体人民和全国各民族的精神力量。改革开放以来，我国建设已取得辉煌的成就，但也遇到了外部的压力和内部的困难，风风雨雨，很不平静，在社会主义道路上绝不是一帆风顺的，我们在前进中还会遇到很多艰难险阻。但困难虽多，并不可怕，“多难可以兴邦”，众多的困难恰恰可以化为磨炼和激励有志者奋力拼搏的动力。只要我们坚持正确的路线、方针、政策，在党的领导下同心同德、艰苦奋斗，全民族团结奋进、弘扬爱国主义，就一定能够顶住压力、克服困难，取得社会主义现代化建设的伟大胜利。

爱国主义是一个历史范畴。各个时代的爱国主义既一脉相承，前后延续，又不断发展，增添新的内容。古代的爱国主义者，如屈原、岳飞、文天祥，他们的爱国精神彪炳史册，名垂青史。但他们那时候反对的是本国异民族的压迫，并且和忠于君主密不可分，带有局限性，因此往往使他们的爱国行动以悲剧告终。鸦片战争时代林则徐等的爱国主义则以反对外国侵略者、拯救民族危亡为内容，其意义更加深远，但仍和忠君联系在一起。到了辛亥革命，以孙中山为代表的爱国主义者则把推翻清朝政府作为爱国主义的内容，因为清政府已成为帝国主义的走狗。近代历史上的许多抱有爱国愿望的志士仁人并没有找到拯救国家的正确方案。戊戌变法主张实行资产阶级君主立宪的维新改革，只维持了 103 天，在反动势力的反扑下昙花一现，化为泡影。辛亥革命推翻了清王朝，随之出现的却是帝制复辟和军阀混战，资产阶级的理想并不能实现。五四运动以后，马克思主义在中国广泛传播，并且和中国工人运动相结合，产生了中国共产党。在党的领导下，中国人民选择了从新民主主义走向社会主义的道路，这是唯一正确的选择。一批又一批的爱国主义者在革命实践过程中，接受马克思主义并转变为社会主义者、共产主义者。中国共产党人是历史上最伟大的爱国主义者，因为是党高举了爱国主义的旗帜，并把它发展到新的高度，是党把积贫积弱、支离破碎的中国变成了生气勃勃、奋发前进的中国，是党把过去许多世代爱国者未能实现的愿望变成了现实。

在今天的社会主义新中国，爱国主义更加充实，并且具有许多新的内容：

第一，今天的爱国主义和社会主义是统一的。因为，社会主义体现着国家、民族、人民的利益，是中国走向现代化的必由之路。没有社会主义制度的确立和巩固，就不可能取得如此辉煌的成就，就不可能把一个人口众多、一穷二白的旧中国变成初步繁荣富强的新中国，就不可能使中国赢得独立和尊严，在国际事务中发挥举足轻重的作用。社会主义深深地扎根于中国的土壤中，日益显示出强大的生命力。相反，如果背离了社会主义，使资本主义复辟，中国必将陷入停滞、混乱、四分五裂，重新沦为帝国主义的附庸，那将是国家的不幸和人民的灾难。越来越多的爱国主义者自觉地认识到，只有社会主义才能拯救中国、复兴中国，因此爱中国和拥护社会主义是有机统一、紧密结合的。坚定地捍卫国家尊严和期望民族昌盛的爱国主义者大都会成为社会主义者或社会主义的朋友。

第二，今天的爱国主义必须具有改革开放的内容。社会主义建设的实践证明，改革开放才能发展社会生产力，使中国繁荣富强。改革开放是要改革不合理的体制和规章，引进先进的经验和技术、设备，使国民经济持续而稳步地增长，使社会主义民主不断改进和完善。在当今世界上，一个国家如果故步自封、墨守成规、闭关锁国，那是不会有前途的。“落后就要挨打”，中国人有过沉痛的教训和深刻的体会，应该永远牢记。同时必须牢记，改革开放是社会主义制度的自我完善和发展，必须坚持四项基本原则，坚持正确的政治方向。

第三，今天的爱国主义必须正确地对待民族文化。每个国家和民族都在长期的历史发展中创造了自己富有民族特色的文化，它是国家的精神财富，是维系民族成员的心灵纽带，是民族生命的重要组成部分。中华民族的文化更是丰富充实、博大精深、源远流长。真正的爱国主义者既反对虚骄自大的复古主义，也反对摒弃、蔑视传统历史遗产的民族虚无主义。我们应该正确地、慎重地对待这份珍贵的文化遗产，用马克思主义进行分析，批判继承，取其精华，弃其糟粕，在这一基础上建设高度的社会主义精神文明，这是每个爱国主义者的神圣使命。

第四，今天的爱国主义和无产阶级的国际主义是紧密结合的。我们同情和支持世界上一切被压迫的阶级和民族。他们反对压迫、争取解放、要求进步的斗争是正义的事业。每个国家的爱国主义者都将支持其他国家的爱国进步运动。在国际交往中，我们主张国与国之间和平共处、平等往来、相互交流，反对任何大国沙文主义或狭隘民族主义的倾向。一个真正的爱国者既努力维护本国的主权和正当利益，也必须尊重其他国家的主权和正当利益，坚决反对霸权主义，反对用任何形式干涉一个国家的内政，以及进行颠覆、制裁和施加压力。

让我们更高地举起爱国主义的旗帜，加紧学习，努力工作，提高觉悟，把青年培养成为有理想、有道德、有文化、有纪律的新人，在社会主义现代化的道路上昂首阔步，奋勇前进。

雪洗国耻后的反思*

1840 年的中英鸦片战争，是中国历史的一个分水岭。战前，英国的资本主义已获得空前发展，它取得了世界海上霸权，成为全球头号殖民帝国，它以海盗式的贪婪无耻四处扩张，曾有“海岛和半岛收藏家”的雅号。而此时的中国清朝，还沉浸在中央之国的美梦里，抱残守缺，闭关锁国，政府腐败无能，政治、经济、军事、文化、科技都落后于西方。实力的悬殊对比，使战争尚未打响，胜负早见分晓。1841 年 1 月，英国以武力强占了香港岛，清政府试图以武力阻止英军侵犯，道光帝曾为此下了几十道谕旨，奕山等人也曾率军与英军多次交手，结果是一败涂地。1842 年英军攻陷上海、镇江，直逼南京，清政府被迫于 8 月 29 日签订城下之盟——中英《南京条约》，将香港岛割让英国。1856 年英国又联合法国发动第二次鸦片战争，并于 1860 年威逼清政府签订了中英《北京条约》，割占了南九龙。1894 年中国在中日甲午海战中惨败，各国侵略者竞相在华划分势力范围，英国又趁火打劫，强租“新界”99 年。《南京条约》是中国近代史上第一个丧权辱国的不平等条约。从此以后，直到 20 世纪 40 年代，中国总是挨打，世界许多帝国主义国家，几乎都打过、欺负过中国。这期间各国同中国签订的 1 100 多项条约，也几乎都是不平等条约。一部近代史，就是中国挨打的历史，也是中国人被掠夺、被欺凌、被侮辱的历史，它用血淋淋的事实告诉我们，落后必然挨打。香港被英国人拿走，就是这个“必然”的最好注脚。

香港被英国强占后，民国时期的北京政府和国民政府，都曾试图通过外交手段收复香港。第一次世界大战后，帝国主义列强在

---

* 原载《瞭望》，1997 年第 26 期。

1919 年 1 月召开了分赃的巴黎和会。中国代表向和会提出收回租借地（包括九龙租借地）的问题。但由英、法把持的和会极不公平地对待中国，不仅轻易否决了中国的提案，而且通过了将德国在山东的侵略权益转让日本的决议。北京政府的这次外交失败引发了五四运动。巴黎和会没有完全解决帝国主义的分赃问题，以美国为首的帝国主义国家又召开了华盛顿会议，中国代表顾维钧在会上提出了废止各国在华租借地的问题，并就九龙租借地问题同英国进行了斗争，但终因英国顽拒，美、日等无动于衷，中国国内又军阀混战、政局不稳，这次外交努力再次严重受挫。以蒋介石为首的国民政府直到太平洋战争爆发之前，从来没有向英国提出过归还九龙租借地。1941 年太平洋战争爆发，中、美、英等成为盟国，美国为使中国坚持抗战，开始攻击英国在中国保留殖民特权、不将香港归还中国等做法。国际形势的这种变化为中国收复香港提供了良机。1942 年在中国开始沦为半殖民地 100 周年之际，中英开始了谈判，1943 年中英签订新约，中国废除了英国在华治外法权和 1901 年的《辛丑条约》，收回了天津、广州的英租界。但由于中方首席代表宋子文软弱无能，蒋介石在英国死硬立场面前没有坚持到底，中国失去了收回九龙租借地的良机。1945 年日本无条件投降，收复被日本侵占的香港，良机再至。蒋介石作为同盟军中国战区（包括香港）的最高统帅，本有权接受香港日军的投降，但由于他急于抢夺抗战胜利果实，发动内战，急急忙忙向英国宣布他对香港“没有野心”，结果让英国又抢先重占了香港，第二次错失良机。这些历史充分说明，一个政府腐败、官员无能、政局不稳、积贫积弱的国家，是根本没有能力收复香港的。弱国无外交，这是颠扑不破的真理。

与清政府、北京政府、国民政府的腐败无能形成鲜明对比的是，香港人民从来没有停止同侵略者的斗争，在英军先后占领香港岛、九龙、新界时，当地人民都进行了浴血抵抗。1884 年中法战争期间，香港工人罢工，拒绝修理法军被打伤的军舰。辛亥革命时期，香港是孙中山先生的革命基地，黄花岗起义等多次起义都在香港发动。大革命时期，长达 16 个月的省港大罢工给帝国主义沉重打击。14 年抗战，香港也是抗日活动的中心之一……香港人民不屈不挠、抵御外侮的长期努力，充分显示了中华民族的强大凝聚力和高昂的爱国主义精神。

1949 年，中国共产党建立起新中国，中国人民从此站起来了。进入改革开放的新时期，中国的综合国力不断增强，国际地位不断提高，加上邓小平同志创造性地提出“一国两制”的英明构想，就使香港回归祖国真正成为现实。1898 年 6 月 5 日，李鸿章在同英国人谈判时，要求英国人不得在租借地修筑炮台。英国代表窦纳乐竟拍案咆哮说：“无多言，我国之请此地，为贵国让广州湾于法以危我香港也。若公能废广州湾之约，则我之议亦立刻撤回。”李鸿章听罢只能忍气吞声，在英国人蔑视的眼光中签下《展拓香港界址专条》。香港回归当然也经过了艰苦的谈判，但与百年前被迫签订丧权辱国的城下之盟相比，中国人在谈判桌上的表现是多么的坚定和自信。1982 年 9 月 24 日，邓小平对来访的英国首相撒切尔夫人说：“主权问题不是一个可以讨论的问题。……如果中国在一九九七年，也就是中华人民共和国成立四十八年后还不把香港收回，任何一个中国领导人和政府都不能向中国人民交代，甚至也不能向世界人民交代。如果不收回，就意味着中国政府是晚清政府，中国领导人是李鸿章！”多么斩钉截铁！这才是一个真正泱泱大国领导人的风范。小平同志后来说，香港问题能够谈成，并不是我们参加谈判的人有特殊的本领，主要是我们这个国家这几年发展起来了，是个兴旺发达的国家，有力量的国家，而且是个值得信任的国家。这道出了我们能够收回香港的真正原因。

甲午战争

中日甲午战争的前因与后果*

1894—1895年，中国和日本之间发生了一场决定两国命运和远东政治格局的战争，回顾和反思这场战争，将能得到有益的启示和教训。

在古代，亚洲东北部的政治格局比较简单，通常包括中国、日本、朝鲜三个国家。中、日、朝三国在近代以前的一段时间内和平相处，并无兵戈。16世纪，西方殖民主义者东来，葡萄牙租借澳门，西班牙、荷兰、英国、法国接踵而至，中国的东南海面从此扰攘不靖。16世纪末，俄国的哥萨克跨越乌拉尔山，穿过广阔的西伯利亚，17世纪前期已到达太平洋西岸。西欧国家从海上，俄国从陆上，把侵略魔爪伸向了东亚，改变了这里简单的政治格局，对这片平静而封闭的土地造成了强烈的震撼。

以1840年中英鸦片战争为契机，外国殖民势力用大炮轰开了中国的门户，中、日、朝三个东亚国家同时被卷进世界资本主义历史旋涡，成为列强追逐的猎物。中国和日本在被外国侵略之下，开始认识西方文明的优越性，力图富国强兵，向西方学习，中国出现了持续30年的洋务运动，日本发生了尊王倒幕的“明治维新”。中国幅员广阔、资源丰富，洋务运动30年内造枪炮、建工厂、开矿山、办电报、筑铁路、设海军。以李鸿章为代表的洋务派醉心于西方物质文明的成就，努力将它移植于中国，企图借资本主义的器物，挽救封建王朝的没落。洋务派的举措一时颇炫人耳目，似乎取得了进步。其实清王朝政治腐败，已病入膏肓，而顽固派的势力十分强大，阻挠一切新事物，洋务派的封建性格也极深，又对外国百般依赖，

---

* 原载《历史教学》，1994年第7期。

虽进行了枝枝节节的改革，但却步履迟滞，如蜗牛爬行。有识之士早已认识到它的弱点：洋务运动好像纸糊的房子，只可供表面观看，却经不起风雨的吹打。中日甲午战争的失败证明了洋务运动不可能使中国振兴富强。

日本和中国一样，同样面对殖民主义的侵略和西方文明的冲击。但它的社会结构、政治体制、意识形态和中国不同。与中国洋务运动同时起步的“明治维新”一开始就显示了蓬勃的朝气。它不但在工厂、航运、矿冶、铁路、电信等方面取得了成绩，而且在政治、教育、法制、军制、思想领域力行改革、除旧布新。1877 年实行义务兵役制和义务教育制；1878 年设立参谋本部，进行军制改革；19 世纪 80 年代颁布新学制；1885 年制定新官制，设立内阁；1889 年颁布宪法；1890 年进行议会选举，组织政党。尽管日本的改革并不彻底，富有封建的、军国主义的色彩，但毕竟已在资本主义的轨道上迈开了步伐，取得了明显的成效。

日本统治者从一开始就强烈意识到要发展本国的资本主义，必须对外扩张，掠夺邻国的土地和资源。它把侵略的矛头对准中国和朝鲜。“明治维新”初期，日本国内即充满着“征朝论”的声浪，以后一直扩充军备，欲向中国挑衅。1874 年，日本即派兵入侵台湾；1883 年与 1885 年又在朝鲜制造政变，扩张实力，挤迫中国，但均因羽翼未丰，就其海陆军实力而言，尚无战胜把握，故暂时隐忍，不敢贸然与中国开战。中日甲午战争前夕，日本投入更大力量，厉兵秣马，追赶中国，必欲与中国一战而胜。到甲午战争时，它的正规陆军扩充至 7 个师团约 12 万人，预备役 25 万人，海军舰只约 5.8 万吨。而清政府盲目自大，以为日本是新起的小国，对它缺少警惕。清朝官僚认为日本在军事上不堪一击，“敢与上国抗衡，实为螳臂当车”。正是在清王朝漫不经心、未加防备的情况下，日本发动突然袭击，燃起熊熊战火。

除了在东亚地区竞争的主角日本和中国之外，英国和俄国也成支配东亚局势的强大力量。英国的资本主义发展最早，海上力量尤其强大，其殖民地遍布全球，在远东的势力和影响首屈一指。1824

年它侵占新加坡，并以印度为基地，并吞缅甸和喜马拉雅山区的尼泊尔，用武力侵占香港岛，强迫中国五口通商，又在长江流域和其他地方取得广泛权益，当时英国势力已进入中国全境。19世纪后期，各国对华贸易中，英国的份额遥遥领先，占中国外贸总额的70%以上，英国人在中国经营的公司占外国人在华公司的2/3。英国还通过清政府控制了中国的海关，操纵中国的海陆军，干涉清朝的内政。当时，美国的亚洲舰队司令里德十分羡慕英国的地位。他说："英国人这样有步骤地在中国进行掠夺，并使中国人服从其指挥，乃至于他们实际上成了这个国家的主人。他们控制着贸易、报纸、商港和政治。"①

俄国也是支配东北亚局势的政治大国，特别是在第二次鸦片战争中，它趁火打劫，撕毁了业已签订170年之久的《尼布楚条约》，挥师突破中国边界，直下黑龙江，强迫清政府签订《瑷珲条约》和《北京条约》，割占了黑龙江以北、乌苏里江以东100多万平方公里的中国领土，进一步要在远东地区争夺霸权。不过，俄国刚刚占领这片广大的土地，经营未久，立脚未稳，而西伯利亚在经济上尚未开发，从俄国的欧洲本土来到远东，路途遥远，交通极为不便。甲午战争以前，它正投入巨大的人力、财力经营远东，加强军事力量，修筑西伯利亚大铁路，为进一步扩张做准备。甲午战争前夕，俄国在远东的势力已咄咄逼人。一位苏联历史学家评述19世纪后期中国的局势时说："从对中国的事务的利害关系和对中国事态发展施加影响的能力来说，俄国当时仅次于英国居第二位。"②

19世纪后期的东北亚，在中、日、英、俄四种力量的矛盾和制衡下，引发种种事态。四种力量构成两对矛盾，即中日矛盾和英俄矛盾。中日矛盾起初较为微小，不引人注目，但随着日本军国主义的迅速发展而日益尖锐。日本处心积虑，必欲侵略中国。它正在积蓄力量，窥测时机，东亚上空的战云日渐浓密。而英国和俄国则系

---

① 转引自福森科：《瓜分中国的斗争和美国的门户开放政策（1895—1900）》，杨诗浩译，77页，北京，三联书店，1958。

② 波波夫：《太平天国时期的沙俄外交》，载《近代史资料》，1978（1）。

宿敌，两国在世界范围内到处剑拔弩张。50 年代，俄国与英、法、土耳其在克里米亚进行了一场激烈而残酷的战争。80 年代英、俄在阿富汗又屡次冲突。在远东，俄国集结舰只于符拉迪沃斯托克（海参崴），威胁英国在远东的势力，英国则一度占领朝鲜的巨文岛，以遏阻俄国势力的南下。为了对付俄国，英国急需在远东找到伙伴，它终于物色到了新起的日本，而日本也竭力巴结英国，抢在甲午战争之前与英国完成修订条约的谈判。为了取得英国的欢心，日本在谈判中大幅度地妥协让步，接受许多商品的协定关税，推迟废止领事裁判权等，以换取英国默许自己对中国用武。就在中日甲午战争爆发前夕，英国外交大臣在签订《日英通商航海条约》的仪式上说："这个条约的性质，对日本来说，比打败清国大军还有利。"

俄国对日本的扩张虽有顾虑，但当时西伯利亚大铁路尚未筑成，其在远东的军事力量不足。并且，它一开始低估了日本的作战能力和野心，也没有预料到清政府缺乏抵抗意志而迅速溃败，故对战争的爆发听之任之，抱着"坐山观虎斗"的态度。直到中国战败，日本企图割取中国的辽东半岛，严重地触犯俄国的利益，俄国才慌忙纠集法国、德国一起，演出了"三国干涉还辽"的一幕，阻止了日本在中国东北的扩张。

这样，日本巧妙地利用了英俄矛盾，并得到英国的支持，躲开了可能的国际干涉，战争时机成熟，遂于 1894 年以帮助朝鲜政府镇压东学党起义为名，悍然出兵，向中国发动战争。是年 7 月，日本军舰先在朝鲜的丰岛海面不宣而战，突然袭击中国的军舰和运输船只。接着，日本陆军又进攻在朝鲜牙山的清朝军队，挑起衅端。8 月 1 日，中日两国正式宣战。日本组成了以天皇为首的战时大本营，统筹战争时期的军事、外交、政治、经济。海军组成联合舰队，出入于朝鲜和中国海面，准备决战。陆军则倾巢而出，投入战场，力求速战速决。日本还颁布紧急敕令，募集战时公债，制造"圣战"舆论，煽动军国主义狂热，倾注全国的人力物力，务求战争必胜。而清政府却对战争缺乏准备，没有抵抗的决心，没有战前的部署，没有统一、明确的指挥。掌握军政大权的慈禧太后和李鸿章都害怕战争。慈禧太后正高高兴兴地准备庆祝自己的六十寿辰，不愿战争影响了庆典；李鸿章一心一意要保存淮军和北洋舰队的实力，寄希望于列强的“调停”和“干涉”。连总税务司英国人赫德也说：“外交把中国骗苦了，因为信赖调停，未派军队入朝鲜，使日本一起手就占了便宜。”在这种怯战、妥协的思想指导下，清朝陆军在平壤作战失败，溃不成军。北洋舰队也在黄海海战中失利，避匿于威海卫，不敢复出。日本夺得了制海权，遂毫无顾忌地渡过鸭绿江，长驱而入，把战火烧到中国东北境内。就在北京笙歌沸天，向太后欢呼祝寿之时，大连、旅顺相继失陷，前线频传败绩。翌年，日军又在山东登陆，清朝陆军作战仍不力，北洋舰队的据点威海卫沦陷，中国新生的海军面临绝境，在进行了勇敢抵抗之后，全军覆没。中日甲午战争经过 8 个月战斗，海陆军均告失败，清政府不得不派年迈的李鸿章前往日本求和，签订《马关条约》。条约规定：中国将台湾全岛及所有附属各岛屿、澎湖列岛和辽东半岛割让给日本，中国赔款白银 2 亿两，日本可在中国通商口岸投资设厂，增辟通商口岸，等等。这次战败，割地之广阔、赔款之巨大、勒索之苛刻，使全世界感到震惊。中国人民又被套上了一具沉重的枷锁。

正像许多历史学家所指出的，中国败于政治上的落后与腐败。洋务运动，枝节改革，本末倒置，与日本的“明治维新”相形见绌。在弱肉强食、竞争激烈的资本主义世界，发展的速度至关重要，步伐迟缓就会失去时机，被挤出竞争的轨道而堕入谷底。甲午战争中，国家虽大而步伐迟缓的中国败于同时起步而锐于进取的东邻日本，日本借战胜之威，尽情勒索，故能脱颖而出，追赶列强而与之并驾齐驱，中国则割地赔款，元气大伤，国际地位一落千丈，丧失了发展机遇，沉沦于苦海之中。

中日甲午战争对中国是巨大的震动，全国一片沸腾。当《马关条约》签订的消息传来，各地人民痛哭流涕，反对割地、赔款。先进分子进行痛苦的反思和长远的筹谋。陈独秀回忆说：“甲午战争的失败，国土的割让，使举国上下如大梦初醒，稍有知识者大多承认了富强之策。”从此，救亡和改革的大潮涌起，成为中国政治的主旋律。此后，戊戌变法、辛亥革命、五四运动、北伐战争、土地革命，中国人民爱国救亡，前仆后继，投入了反帝反封建的艰苦而漫长的战斗。

日本是甲午战争的胜利者。所获赔款之巨、得地之广、掠夺权利之多，是军国主义者自己始料不及的，全国沉浸在胜利的欢乐气氛中，如醉如狂。日本政界财界头子井上伯爵说："得到这笔赔款以前，在日本的财政机关中，上亿日元的款项连提也没人提过，收入至多到过8 000万日元。所以，想到有3.5亿日元涌进国内（按：中国赔款白银2万万两当时折合3.5亿日元），无论政府或私人都产生了一种无限富有的感觉。"① 但是，前一场战争的结束往往是后一场战争酝酿的开始。俄国在《马关条约》签订以后，立即联合法国、德国，强迫日本退出了辽东半岛，一面示恩于清政府，一面在东北亚扩大地盘，插手朝鲜事务，租借旅顺，修筑中东铁路。日本与俄国势不两立，新的战争乌云又笼罩在东北亚的上空。

俄、法、德三国干涉还辽给沉浸在战胜狂欢中的日本泼了一瓢凉水。当时，日本在甲午战争以后，力量耗尽，财政匮乏，无法对抗三国的压力，只能忍气吞声，放弃侵占辽东半岛。日本朝野以此为奇耻大辱，要求卧薪尝胆，誓报此仇。甲午战后，它立即以俄国为假想敌，进行战争准备。1895年，日本参谋本部提出陆军扩充计划，为了战胜俄国，拟在现有7个师团的基础上，再增加7个师团，常备军达25万人，战时动员后备军，总共可达兵力60万人。海军方面，提出"六六舰队"的设想，建造和购置大型军舰。伊藤博文内阁所提10年扩军计划的军费达6亿日元。除了有来自中国的赔款以外，日本还尽力在国内搜刮，横征暴敛，以筹措扩军经费。就像日本报纸上所说："即使把三餐节省为两餐，也要扩充海军。"② 他们在战争的精神准备方面尤其突出。俄国陆军大臣在总结日俄战争中日本战胜的原因时说："我们没有注意，多少年来日本人民的教育就贯彻着一种尚武精神和爱国的方针。我们没有看到，这个国家的教育方法，在小学校就教育孩子们热爱自己的国家，并成为英雄人

---

① 转引自波波夫：《日本的经济》，33页。

② （日本）《报知新闻》，1895-05-17。

物。这个国家对军队的信任与尊敬，个人乐于服兵役和为此而感到自豪，各阶层保持的铁的纪律，以及武士道精神的影响……所有的名门望族都试图为国效力，或送子弟从军，或捐献钱财……不仅士兵而且全体国民都感到这场战争的极端重要性，了解进行战争的理由，不惜一切牺牲争取胜利。使日本获得胜利的力量就在于此”①。总之，甲午战后，日本的战争狂热一发而不可止，日本政府把国家引向军国主义而一路狂奔。

俄国在联合法、德干涉还辽成功之后，野心更加膨胀。它促成了俄、法对中国的四厘借款，建立道胜银行；又诱胁清政府签订《中俄密约》，侵占旅顺，夺取修筑中东铁路的特权，把中国的东北视为自己的禁脔。军事力量也迅速增强，俄国远东军区的陆军从1894年的20个步兵营、若干炮兵连，增加到1903年的108个步兵营。其远东舰队从4万吨增至10万吨。旅顺口和符拉迪沃斯托克（海参崴）军港防卫力量得到增强。日俄战争前夕，西伯利亚大铁路已经通车，俄国已能把军队和给养从欧洲调到远东地区。但是，刚刚修通的单轨长程铁路，设备未全、维护很差，还难以发挥迅速运输的功能。

1900年，中国发生义和团运动，八国联军蜂拥入侵中国，进行血腥屠杀。帝国主义之间又因在华利益的冲突，彼此钩心斗角，矛盾重重。当时，英国正在非洲与布尔人作战，美国则刚刚打完与西班牙的战争，都不能派出很多军队。觊觎中国而又彼此敌视的日本和俄国充当了侵略的急先锋。日本邻近中国，派出兵力最多，扮演着“远东宪兵”的角色；英国为支持日本以制约俄国，给它提供贷款。而俄国竟趁机出兵迅速占领东北全境，驱逐中国的军政机构，此后，又长期拖延，拒不撤军。俄国的行径引起日本的极大忌恨，日俄矛盾急剧上升。

1904年，日俄战争终于爆发。这次战争动员兵力之众多，战斗之激烈，远远超过甲午战争。两个帝国主义强盗作战，战场却在中

① 库罗帕特金：《俄国军队与对日战争》，122～123页，北京，商务印书馆，1980。

国的领土上，中国人民的生命财产受到严重损失，这是弱肉强食世界才会出现的现象。结果，俄国战败，势力退到北满，日本取代了俄国在南满的地位。日本以新兴小国，10 年之内连续打败中国和俄国两个庞然大国，趾高气扬，不可一世，成为东亚的支配力量。

1914 年，第一次世界大战爆发，再一次给日本造成扩张的机会，日本欲乘机夺取德国在山东的全部利益。英、美虽不愿日本趁火打劫，破坏在远东的力量均势，希望“维持远东现状”，但日本不肯顺从，单方面对德宣战。1914 年 9 月初，它不顾中国政府的抗议，把军队开进山东，占领胶州和济南，攻陷青岛要塞。同时，其海军则向德属南太平洋群岛发动进攻，占领了马绍尔群岛、加罗林群岛等。日本认为应加速解决对华问题，如果到世界大战结束，英、法、美的联合力量将会妨碍自己在中国的扩张。因此，1915 年 1 月，日本政府向中国提出了“二十一条”要求，并于 5 月发出最后通牒。在强大的压力下，袁世凯政府终于接受了空前丧权辱国的二十一个条件，内容包括：承认日本继承德国在山东的所有权益，并加以扩大；延长旅顺、大连的租借期及南满、安奉两铁路的期限为 99 年，并承认日本在“南满”及内蒙古东部的特权；汉冶萍公司设为中日合办，附近矿山不准公司以外的人开采；中国沿海港湾与岛屿不得租借或割让给其他国家；中国政府聘请日本人为政治、财政、军事顾问等等。按照这些条件，中国将成为日本的附属国。只是由于中国人民的坚决反对，日本帝国主义的侵略要求才未能实现。在整整 4 年的大战期间，日本以很少的消耗攫取了许多权益。

日本是亚洲国家中第一个挣脱殖民主义枷锁、取得独立自主地位的国家，以后却成为远东最主要的战争策源地，这是值得引以为戒的。甲午战争以后的几十年，日本长期侵略中国，穷兵黩武、咄咄逼人。它似乎节节胜利，步步成功，但依靠武力征服，多行不义，走上了军国主义的歧途，种下了失败的根由。直到 1931 年日本侵吞中国东北，1937 年全面发动侵华战争，1941 年突袭珍珠港，发动太平洋战争，不仅使中国和世界人民遭受巨大的灾难，也给日本人民带来悲惨的遭遇。此非中国与世界之福，亦非日本之福。结果，第二次世界大战中日本战败，经济崩溃，民穷财尽，发动侵略战争的日本战犯被送上了审判席，日本人民也深受战祸之苦，生活在水深火热之中。

日本民族是坚强而有志气的民族，败而不馁。虽然日本在少数统治者的误导下曾走入歧途，但仍能在战争的废墟上努力重建家园，治疗战争的创伤，迈步前进。第二次世界大战以后，日本抓住机遇，埋头建设，自立自强，终于出现了经济腾飞的奇迹，经过长期努力，成为全世界数一数二的经济大国。日本民族在失败以后迅速复兴的奋斗精神十分可贵，同时，我们又殷切地希望它记取从甲午战争以来的多次教训，根绝军国主义，以和平立国，以友谊待人，珍惜自己的发展成果，与远东和世界人民永远友好相处。

中国受害100多年，历尽坎坷，备遭凌辱。在中国共产党的领导下经过长期的艰苦奋斗，1949年方能摆脱帝国主义、封建主义和官僚资本主义的压迫，建立中华人民共和国。建设成就光辉灿烂，世所瞩目。中国国家实力增强，人民生活改善，国际地位提高。但要建设第一流的强大国家，还需要长时期的不懈努力。中日甲午战争的教训是：弱者必定挨打，失败者只能任人宰割，只有国家独立富强，才能保证人民的权利和幸福。甲午战争以来无数先烈流血牺牲，期盼国家的昌盛和民族的复兴，这一伟大的遗愿要由我们去奋斗实现。当前，经济建设正在蓬勃发展，必须抓住时机，解放思想，振奋精神，加快改革开放的步伐，增强国家实力，提高人民生活水平，根除腐败，早日把中国建成富强、民主、文明的社会主义现代化国家，并且与周边国家友好相处，防止侵略战争的发生，为世界和平做出更大的贡献。这是我们回顾和反思中日甲午战争所得出的主要结论。

甲午战争与东亚政治格局的演变*

1895年，东亚的两个主要国家——中国和日本，进行了一场决定两国命运、决定东亚历史格局的重要战争，这就是中日甲午战争。

19世纪下半叶，东亚（通常包括日本、朝鲜、中国）是世界上一个很不稳定的地区，处在多事之秋。一方面，帝国主义在这里争夺殖民地的斗争空前激烈；另一方面，这个地区的国家正处在一个历史性的巨大变化时期。当世界上其他地方已经被列强瓜分完毕的时候，争夺东亚地区这些国家的斗争就特别尖锐。东亚这些国家，要么彻底沦为帝国主义的殖民地，要么挣脱殖民镣铐，走上独立、自主的道路。在这样一个决定命运的关键时刻，甲午战争爆发了。这场战争不仅与中、日、朝等当事国的命运息息相关，而且牵动了英、俄、美、德、法等主要西方强国的神经，配置着这一地区政治、军事力量的组合，给20世纪东亚和世界的历史进程以直接影响。

一

甲午战争以前，在东亚事务中发挥作用的国家主要有四个：中国、日本、俄国和英国。甲午战争的结局导致了这四股力量的此消彼长、分化组合，因而直接影响着东亚地区战略格局的变化。

中国是东亚地区最大、最古老的国家。18世纪以前，它是走在世界前列的，后来开始衰落下去，到19世纪中叶，已经远远落后于西方列强。进入19世纪后半期，清王朝正在搞洋务运动（或叫“同

---

* 原载《抗日战争研究》，1995年第1期，与杨东梁合撰。

光新政”)，这是统治集团中一部分人力图赶上世界潮流的一次尝试，但由于本身不易克服的弊病失败了，从而失去了一次机遇。在标榜“求富求强”的洋务运动中，清政府确实兴办了一些工厂，修了一些铁路，造了一些轮船，开设了电报，又创建了海军，引进了西方科学技术，在经济上、军事上、文化教育上都出现了一些变化。可是洋务运动存在着一个致命的弱点，那就是政治领域依然是一潭死水，政治改革遥遥无期。在腐朽的封建主义体制下，生产力是很难冲破牢笼，迅速向前发展的。在“弱肉强食”的世界，一个衰朽的、暮气沉沉的政权在激烈的竞争中不会有立足之地，更谈不上富裕和强盛。中国在甲午战争中的失败就宣告了这场富强梦的破灭。

甲午战争对中国的打击最大，割地之多、赔款之巨、条约之苛、屈辱之深是前所未有的。甲午战争之后，中国虽说还是东亚最大的国家，但已被挤到东亚重要政治、军事力量的圈子之外。甲午惨败，使中国的国际地位一落千丈，也使中国失去了一次赶上历史潮流的机会。但甲午战争的失败也刺激着中国国内局势急剧发生变化。3 年后，发生了戊戌维新运动；5 年后，发生了义和团反帝爱国运动。距甲午战争结束不过 16 个年头，终于爆发了辛亥革命，一个误国、辱国、卖国的清政府倒台了。

甲午战争对日本的影响也是非常深远的，它是日本近代史上一次划时代的战争，是日本向殖民强国过渡的转折点。19 世纪中叶，中、日两国几乎同时走到了一个决定国家命运、前途的十字路口，既可能进一步沉沦下去，也可能赶上历史潮流，搭上近代化的列车。

日本近代化的起步与中国几乎是同时的（大约在 19 世纪 60 年代）。在此之前，它也是一个闭关锁国的封建国家，也受到西方资本主义势力入侵的威胁，面临着两个方面、两种制度的撞击，所处的地位与中国差不多。但当时西方列强的侵略矛头主要不是指向它，而是指向地大物博、人口众多的中国。西方列强几乎没有对日本发动什么大规模入侵。1853 年，美国舰队的“叩关”之举和 1854 年《日美神奈川条约》的签订，虽然都是在军事威胁下完成的，但却都没有形成真正的战争。1864 年 8 月 5 日，英、美、荷、法四国联合舰队炮击日本下关，但联军登陆后，长州藩迅即屈服求和，战争规模很小。列强在东亚的利害冲突，使英、美感到扶植、利用日本来牵制沙俄，为自己火中取栗是合算的。显然，历史的机遇向日本露出了微笑，而日本及时抓住了这个机遇，“明治维新”使它走上富强之路。

日本想赶上时代的列车，跻身于世界强国之林，首先把中国作为打击目标。在甲午战争中，它是胜利者，也是最大的受益者，赔款之多、割地之广、掠夺权利之大，连它自己都始料不及，因而战后举国沉浸在胜利的狂热中。这次战争无疑大大增强了日本的实力，进一步刺激起它向外掠夺的野心。甲午战争是东亚的两个竞争对手之间的较量，这场较量是求生存、求发展的斗争。战争的结局是中国失败了，这就使日本脱颖而出，成为东亚一霸，并取得了进一步发展的机会。不过，当时日本还清醒估计到了前途的复杂性，特别是三国干涉还辽事件使它冷静下来，“卧薪尝胆”，聚集力量，10 年后，它在日俄战争中打败了俄国，终于赶上了欧美列强，与之并驾齐驱。

除了两个直接较量的对手外，最关心甲午战争进程的得算沙皇俄国，因为向远东扩张势力，进而称霸亚洲是它的传统政策。甲午战争一爆发，俄国就密切关注战局的发展，伺机而动。当战争即将结束时，沙皇政府召开了两次大臣特别会议（在 1895 年 2 月和 4 月），准备和日本公开对抗。它的方针是不能让日本走得太远，赢得太多。但是，沙俄对自己在远东的力量心中有数，它在远东没有海军根据地，横贯欧亚的西伯利亚铁路尚未竣工，对战争没有把握，也就是说还不能单独制服日本。于是它联合了德国、法国进行干涉。

俄国在甲午战后加紧对中国东北地区的侵略，同时又摆出一副欲与日本决一雌雄的架势。为了对付英日同盟，俄国于 1902 年 2 月与法国缔结同盟，以保护“两国在远东的特殊利益”。同时，沙俄还积极拉拢清政府，在加强向中国渗透的过程中，企图把清政府绑到自己对日作战的战车上。

至于英国，它当时在中国获得的侵略权益最多，势力范围也最大。它千方百计要维护自己在东亚的既得利益，为保持自己的优势地位，它主张“维持现状”。英国远东政策的核心是维护“大英帝国”在世界各地的殖民利益，即为谋求世界霸权服务。当时的英俄矛盾可以说是全球性矛盾。列宁曾经指出，许多世纪以来，沙皇政府一直想夺取君士坦丁堡和亚洲大部分地区，一贯推行这种政策。英国是这种野心更长期、更顽固、更强大的敌人。① 英、俄在亚洲的冲突是全面的，从中近东一直到远东，它们在争夺伊朗、土耳其和朝鲜等战略要地的斗争中剑拔弩张，各不相让。19 世纪 80 年代中期，英、俄为争夺阿富汗已经走到了战争边缘。与此同时，两国还因争夺朝鲜的巨文岛而关系紧张。显然，英国把沙俄看成最主要的竞争对手，于是扶植日本，抵制俄国向远东扩张。

英国一方面在甲午战争中支持日本，另一方面又不希望清政府因被过分削弱而垮台。正如英国首相在一篇演说词中所说的：“无论如何我不能设想，如果中国的中央政府突然被一个征服势力所覆灭，事情会弄成什么样子。一个无首脑、没有任何一种政府的中国，意味着一片世人未想到的混乱和恐怖景象。”② 在甲午战争之前，英国是把中国当成它与沙俄之间的缓冲国来对待的，甚至一度考虑过缔结“中英同盟”的问题。甲午战争中，清政府充分暴露出自己的腐败无能、不堪一击，使得英国的舆论和英国政府的政策发生了明显变化。平壤之战和黄海海战后，《泰晤士报》一篇社论中说：“我们绝不会想到……中国的友谊是值得去培植的，更用不着因为它的友谊去迁就它的虚荣心。关于中国的潜力以及中国迷梦已醒的种种神话，已经被这次战争完全澄清了……中国是一盘散沙，它只有通过外力才有可能打起精神和组织起来。我们必须注意不使别的国家完成这种事情，而使我们受损失。”③因此，战争后期当清政府主动提出缔结中英同盟时，英国政府未加理睬。在选择东亚的盟国时，英国把目光转向了新兴的工业强国——日本，当时英国资产阶级的喉

① 参见《列宁全集》，中文 1 版，第 23 卷，125～126 页，北京，人民出版社，1958。
② 克贝道克：《英国的远东政策（1840—1906）》，11 页，纽约，1931。
③ 《泰晤士报》，1894 - 09 - 30。

舌——《圣詹姆斯报》《伦敦中国电讯报》都发表文章，鼓吹、支持日本与俄国一决胜负，甚至提出缔结英日同盟的主张。这些新闻媒体的言论反映了英国政府的远东政策，英日同盟终于在几年之后变成现实。

如果说中、日、英、俄是影响东亚战略格局变化的四种力量的话，那么朝鲜就是这四种力量矛盾冲突的焦点。19 世纪下半叶，在朝鲜的国际矛盾冲突中，日本是占主导地位的国家。它疯狂地推行“大陆政策”，视朝鲜为入侵中国东北的桥梁，并急迫地要把这个进出日本海的锁钥地区建成入侵亚洲大陆的前哨基地。沙皇俄国从 19 世纪七八十年代以后也开始把侵略扩张的重点放到东北亚地区——朝鲜和中国东北。80 年代中期，沙俄曾力图变朝鲜为自己的保护国。俄国阿穆尔总督在上奏沙皇时曾直言不讳地供称：“当今我所应大勉者，即在维持朝鲜之独立。但该国为东方一弱国，若无强盛之保护者，决不能保其社稷。……我俄国宜毅然担任保护之责。”① 英国从维护它在太平洋和中国的优势地位这一基本政策出发，曾希望朝鲜成为东北亚的缓冲地区，但由于它与沙俄尖锐对抗，所以特别害怕朝鲜被俄国夺去。1885 年 4 月，英国借口俄国军舰集中于符拉迪沃斯托克（海参崴），强占了朝鲜巨文岛，就反映了这样一种心理。

在四种力量中，中国是最弱的一方。中朝之间当时存在一种传统的东方式的“宗藩关系”，即朝鲜国王向清朝皇帝按期“进贡”，奉正朔，受册封，清朝皇帝则有义务维护“藩属国”的王统与地位并保护其安全。从政治上看，所谓“藩属国”实际上是独立的主权国家，“宗主国”一般不干涉其内政、外交，中国对朝鲜并不具有西方殖民体系那样的“宗主权”；从经济上看，双方基本上是平等互惠的。19 世纪 80 年代初，由于日本加紧了对朝鲜的侵略，清朝统治阶级中一部分有识之士进一步认识到：“为该国策安全，即为中国固封守。”而处心积虑的日本从中挑拨离间，竭力破坏中朝联合抵抗日本侵略的局面。

① 转引自王信忠：《中日甲午战争之外交背景》，91 页，北京，国立清华大学研究院，1937。

甲午战后，朝鲜一步步沦为日本的殖民地。统治朝鲜的李氏王朝曾向沙俄寻求庇护。日俄战争（1904—1905）后，日本开始实现其独霸朝鲜的目标，朝鲜人民则开展了蓬勃的反日斗争。

二

从 19 世纪末到 20 世纪中叶，东亚地区国际政治势力的较量共引发 4 次较大规模的战争，或者称决定东亚战略格局发展变化的 4 个回合的斗争。

中日甲午战争是第一个回合。甲午战前，东亚局势的特点是英、俄之间激烈争夺和尖锐对立，总的格局是英国保护着传统的优势地位，局面相对稳定。甲午战争打破了脆弱的平衡。作为胜利者的日本国力骤增，国际地位扶摇直上。中国、朝鲜则进一步沉沦下去（不久，朝鲜完全变成日本的殖民地）。俄国通过“干涉还辽”在中国和东亚攫取了巨大利益，并通过签订《中俄密约》以结盟的形式加强了对清政府的控制。这样，它在与英国争霸远东的斗争中就处于有利地位。日本在经历了三国“干涉还辽”的事件后，提出“卧薪尝胆”的口号，国内军国主义情绪高涨，积极准备对俄一战；英国为了抵制沙俄的攻势，进一步拉拢日本，从而直接促成了 1902 年《英日同盟》条约的签订。

甲午战争之后，德国、美国也力图在东亚扮演更加积极的角色。到 19 世纪 90 年代，美国和德国已跃居世界工业强国之列，但它们的经济实力与其在东亚获得的殖民利益的份额却不相称，它们是一桌宴席上后到的客人，其在东亚（特别是中国）分一杯羹的急迫心情是显而易见的。对德国来说，参加“干涉还辽”是一个挤上宴席桌的契机，它抓住这个机会，强占胶州湾，带头发出了瓜分中国的信号。甲午战争后，美国凭着它雄厚的经济实力，借助《马关条约》的规定，使它的对华出口贸易额猛增。从 1894 年到 1900 年几乎增加了 5 倍。当列强掀起瓜分中国的狂潮时，美国总统麦金莱（William Mckinley）

于1899年12月向全世界宣布："正在中国发生着的重大事件，美国并不是一个漠不关心的旁观者……我们的目的，是要用一切适当的、合于美国政府传统的手段，来促进美国在该地区的巨大利益。"[①] 1899年，美国终于提出对华"门户开放"政策。这标志着在东亚的政治角逐中，它正以一个有影响力的大国面目出现。

1900年，爆发了八国联军侵华战争。列强都想乘机巩固、扩大自己的在华势力范围，它们彼此钩心斗角，在如何瓜分中国的问题上矛盾重重，甚至出现剑拔弩张的紧张形势。当时，英国正在南非进行征服布尔人的侵略战争，美国刚刚打完美西战争，忙于侵略菲律宾，都腾不出更多的兵力，只有日本出兵最多（1.2万人，一说为2万多人），扮演着"远东宪兵"的角色。英国特别支持日本，答应向它提供100万英镑的财政援助，利用日本对抗沙俄。对俄国来说，这是它独霸东北的大好时机，遂出动大军迅速占领了东北全境，这使得一直觊觎东北的日本军国主义者嫉恨不已。日俄矛盾成了20世纪东亚最突出的国际矛盾。当日俄摩擦加剧时，由于德国企图插足长江流域，英德关系也一度紧张。总之，这一时期英俄、日俄、英德在东亚错综复杂的矛盾正进一步尖锐起来。

日俄战争是第二个回合。日本在打败中国后，完成了称霸东亚的第一步，接着它决心与横跨欧亚的强国——俄国迎头相撞。日俄战争以日本胜利、俄国失败而告终，战后的日本一跃跨入世界八大强国的行列。伦敦的《晨邮报》以《世界的大日本》为题发表文章，说明西方舆论已对日本刮目相看。战后，由于俄国势力退缩到"北满"，日本取得了辽东半岛南部的租借权，并占有南满铁路和铁路沿线地区。不久，它又吞并了朝鲜。日本这时已成为东亚的支配力量。

第三个回合是第一次世界大战期间日本在东亚的扩张，这使东亚力量对比再度发生变化。第一次世界大战发生在欧洲。日本将之视为"发展国运之天佑"，欲乘此"千载难逢"的时机，"确立东洋之利权"，在东亚进一步扩大霸权。[②] 但美国政府向英、德提出关于

① 转引自卿汝楫：《美国侵华史》，第2卷，440页，北京，人民出版社，1956。

② 参见1914年8月8日日本内阁备忘录。

在大战结束前“维持远东现状”的建议，反对日本在中国领土内对德作战。英国碍于与日本的结盟关系，态度较为暧昧，但它仍希望日本暂缓决定参战问题，并表示极不愿意日本打破作战行动限于海上的局面。日本没有理睬英国的建议，单方面对德作战。1914 年 9 月初，日本不顾中国政府的抗议，把军队开进山东，占领胶州和济南，并攻陷青岛要塞。同时，其海军则向德属南太平洋群岛发动进攻，占领了马绍尔群岛、加罗林群岛等。日本国内有一种意见，认为应加速解决对华问题，因为“英、俄、法三国的联合势力不仅波及欧洲，而且将及于中国大陆”①。按照这样一种形势估计，日本 1915 年 1 月向中国提出了“二十一条”要求，并于 5 月发出最后通牒。在强大的压力下，袁世凯政府终于接受了空前丧权辱国的“二十一条”，内容包括：承认日本继承德国在山东的全部权益，并加以扩大；延长旅顺、大连的租借期及南满、安奉两铁路的期限为 99 年，并承认日本在“南满”及内蒙古东部的特权；汉冶萍公司改为中日合办，附近矿山不准公司以外的人开采；中国沿海港湾与岛屿不得租借或割让给其他国家；中国政府聘请日本人为政治、财政、军事顾问等等。按照这些条件，中国将成为日本的附属国。只是由于中国人民的坚决反对，日本帝国主义的侵略要求才未能实现。在整整 4 年的大战期间，日本以很少的消耗攫取了许多权益，大战之后，日本帝国主义成为称霸东亚的世界五大强国之一。

第四个回合是日本帝国主义全面侵华以及中国人民进行了抗日战争。这是号称“东方第一强国”的日本与被视为“东亚病夫”的中国之间的一场最大的决战。中国人民不畏强暴，英勇奋战，在极端困难的条件下坚持斗争（在很长的时间内独立抗击了日本法西斯的侵略），沉重打击了日本帝国主义，在国际反法西斯战争中取得了最后胜利。中国的抗日战争是世界反法西斯战争的重要组成部分，这次战争的胜利也是中国近代史上反抗外来侵略斗争的第一次全面而伟大的胜利。这次胜利是中国人民奋起和觉醒的标志，也使东亚

---

① 《对华问题解决意见书》，见大津淳一郎：《大日本宪政史》，第 7 卷。

政治格局又一次发生根本变化。

在东亚政治风云四个回合的较量中，几乎都是围绕着中、日两国展开的，这半个世纪的风云变幻、波澜起伏留给我们许多值得深思和认真研究的历史课题。

中日甲午战争的历史教训*

中日甲午战争对中国和日本的发展前途，对20世纪远东政治格局的形成影响甚为巨大。它给人们留下了深刻的历史教训。

中国原本是个封建大国，土地辽阔，人口众多，但发展停滞，遭到西方列强的侵略。两次鸦片战争以后，中国虽然也在推行洋务运动，向外国学习制造枪炮、舰艇，并引进机器、技术，开办工厂、矿山，修筑铁路，建设海军，但清政府政治腐败，思想保守，并无在世界潮流中竞争、自立的紧迫意识，只进行了微小枝节的变革，束缚生产力的规章制度并未被触动，改革步伐甚缓，成效甚微。

日本原来也是封建国家，也受过西方的侵略，但1868年“明治维新”后奋发图强、励精图治，全面学习西方，加速发展资本主义。它不仅建工厂、开矿山、筑铁路、造枪炮，而且在政治、经济、军事、教育各个领域进行改革，设立议会，制定宪法，实行义务兵役制，开展赋税改革，提倡“殖产兴业”，实施国民义务教育，社会面貌发生了重大变化，国力蒸蒸日上，逐步走上了资本主义近代化的道路。

日本对外奉行侵略扩张方针，把矛头首先指向朝鲜和中国，妄图征服亚洲乃至世界。它致力于加强军备，以中国为“假想敌”，在甲午战争爆发前的几年内，军费开支大幅度上升，约占每年预算总数的30%。它整军尚武，时刻寻找适当的时机，逼中国决战，以求一战而胜，彻底打垮中国。

1894年朝鲜发生东学党事件，清政府应朝鲜政府的邀请派兵入朝。日本认为开战的机会已到，立即大规模出兵，与清军近地相逼，

---

* 原载《中国党政干部论坛》，1994年第10期。

向中国寻衅，首先在成欢和丰岛海面向中国海陆军进攻。中国军队忍无可忍，自卫还击。1894 年 8 月 1 日，中、日两国正式开战。

清政府不顾形势危急，沉溺于安享太平的迷梦中，没有抵抗的准备和决心，寄幻想于列强的调停，故缺乏整体的战略部署，迁延贻误，坐失战机，被动受制。尽管前线的将领、士兵战斗英勇，但战败的结局仍然不可避免。陆军在朝鲜平壤失利之后，退过鸭绿江，日军穷追，战火烧到了中国东北境内；海军在大东沟一战之后，困守威海卫，不敢出动，完全失去了制海权，以后日军占领威海卫，中国海军四面受敌，全军覆没。前线军事吃紧之际，北京城内却笙歌沸天，正在庆祝慈禧太后的 60 岁生日，清朝统治者的腐败、荒淫、麻木不仁导致了甲午战争的惨败。

甲午战败，清政府签订了《马关条约》，赔款白银 2 亿两，割让辽东半岛（后因俄、德、法三国干涉，日本退还辽东，索取赎辽费 3 000 万两白银），还丧失了其他权利。这次战败，割地之痛、赔款之巨、条约之苛、屈辱之深是史无前例的。“从前，我们还只是被西方大国打败过，现在竟被东方的小国打败了。而且失败得那样惨，条约又订得那样苛刻，这是多么大的耻辱啊！”（吴玉章语）从此，中国民穷财尽，债台高筑，加深了半殖民地化，人民陷入更加深重的苦难之中。

中日甲午之战改变了远东国际力量的对比，日本一跃而为东亚强国，中国的实力大损，国际地位一落千丈。“人为刀俎，我为鱼肉”，帝国主义列强争先恐后，在中国抢夺权利，划分势力范围。德占胶州湾，以山东为势力范围；俄占旅顺，以东北为势力范围；英租借威海卫，扩展香港界址，并以长江流域为势力范围；法租广州湾，以西南为势力范围；日本以福建为势力范围。纷纭扰攘，大有瓜分中国之势。

中国人民不甘心被侵略、被瓜分。甲午战争以后，爱国主义浪潮汹涌澎湃，一浪高过一浪。变法和革命相继而起，戊戌维新、义和团运动、辛亥革命、五四运动，都是中国人民的奋力抗争，都是甲午战争刺激下救亡图存的探索。正是中国人民不屈不挠奋起斗争，正是爱国主义的高涨，制止了瓜分中国的罪恶之手，使得帝国主义没有也不可能灭亡中国。

中日甲午战争给人们留下了难以忘却的历史教训。

中国为什么被侵略？为什么失败？因为中国落后。在近代国际竞争的大潮中，中国步履蹒跚，行动迟缓，落在欧美和日本的后面，没有强大的经济和国防。封建主义的城堡抵挡不住资本主义的重炮快枪。“落后就要挨打”，甲午战争的失败，即由于此。中国在战败以后，割地赔款，丧权辱国，元气大伤，一蹶不振，难以集中力量发展经济和军事，更失去了自卫防御的能力。落后就要挨打，而挨打就更加落后，半殖民地半封建的旧中国即陷入这一历史的怪圈之中。故甲午战争以后，随之又有八国联军侵华，日俄在中国之战，日本掠夺山东、逼签“二十一条”，以后又有“九一八”事变、“七七”事变。日本帝国主义极度疯狂地侵略中国，近代中国的历史充满着屈辱、痛苦和灾难。

但是，物极必反，否极泰来。中国人民奋起反抗外国侵略，失败，斗争，再失败，再斗争，中国在曲折的道路上积蓄力量，锻炼自己，总结经验，摸索前进，终于找到了马克思列宁主义，并成立了中国共产党。在党的领导下，经过长期艰苦的战斗，摆脱了三座大山的压迫，建立了中华人民共和国，中国人民从此站起来了。

今天，国际国内形势已迥然不同。我们有了强大的中国共产党和人民解放军，正在现代化道路上迅速前进。回顾历史，更加激发起我们奋发努力、加快步伐建设社会主义的决心和信心。只有经济繁荣、文化昌盛、军事强大，中国才能免遭欺凌，才能为世界做出更大的贡献，才能告慰甲午战争以来无数为国为民流血捐躯的先烈！

甲午战争中，日本虽然是战胜国，但战争并没有给日本人民带来幸福和欢乐。日本统治者对外选择了侵略扩张的道路，对内必然加紧剥削和压迫人民。甲午战争取得胜利，日本统治者大发战争财，野心无限膨胀，更加疯狂地扩军备战。1904 年，日本又和俄国为争夺中国东北而大打出手，日本战胜，更加肆无忌惮地侵略中国。此后，占领东北，以至发动全面侵华战争，日本在军国主义的道路上越走越远，日本人民的负担更加沉重，生活更加痛苦。“多行不义必自毙”，日本军国主义在第二次世界大战中彻底失败，也把自己的国家拖向毁灭的边缘，日本人民深受侵略战争的毒害。

反思历史，应永远摒弃侵略扩张，清除军国主义的祸害，使战争悲剧不再重演。中、日两国应相互尊重，和平共处，携手合作，世世代代永远友好下去，共同努力维护亚洲乃至世界的和平，这是中日甲午战争留给我们的宝贵教训。

戊戌变法

戊戌维新前的资产阶级启蒙思潮*

1840 年鸦片战争以后，中国逐步沦为半殖民地半封建社会。中国的思想界随之发生了急剧的变化，和封建主义思想、帝国主义奴化思想相对立，产生了一股进步的思潮，这就是中国近代的资产阶级启蒙思潮。

资产阶级启蒙思潮是中国近代经济和政治发展的产物。帝国主义的侵略和封建主义的压迫阻碍着中国的进步，中国人民展开了不屈不挠的反帝反封建斗争。这时，地主和商人出身的一些知识分子抱着救国救民的愿望，揭露和抨击腐败的封建制度，向西方资本主义学习先进的制度和思想，企图改变中国落后挨打的局面，在中国发展资本主义。他们成为中国资产阶级最早的代言人。但是，中国资本主义经济“先天不足，后天失调”，在 19 世纪下半叶还处于早期发展阶段，十分微弱，它仿佛是被压在帝国主义、封建主义巨大顽石之下的一棵柔嫩的小草，很难长得茂盛。因此，中国资本主义在思想上也不能不表现出这个特点。资产阶级启蒙思想家提出过许多进步的、爱国的主张，对于开创风气、启迪民智、促进社会改革起了重大作用。但他们的主张中有不少糟粕和不切实际的幻想，在某些重要问题上未能和帝国主义、封建主义划清界限。他们不相信群众的革命斗争，而把自己主张的实现寄托于帝国主义的同情和封建统治者的自行改革。当资产阶级启蒙思想家的变法主张触犯了反动派的根本利益，反动势力加以反扑时，软弱的资产阶级启蒙思想家们就弃甲曳兵，束手就戮。历史证明：资产阶级启蒙思潮虽然是中国历史的必然产物，对社会的进步起过重大作用，但它不可能拯

* 原载《戊戌维新运动史论集》，长沙，湖南人民出版社，1983。

救中国，资本主义的道路在中国是走不通的。

一

中国近代资产阶级启蒙思潮的先驱可以追溯到龚自珍和魏源。他们是鸦片战争前后地主阶级中的进步人士，是封建中国和西方资本主义开始接触时的先进思想家。他们批判了封建旧制度的种种腐朽、不合理现象，在主张抵抗西方资本主义侵略的同时，又主张吸取西方的文明。他们的思想对后继的进步思想家有很重要的影响。

龚自珍（1792—1841），号定盦，浙江仁和（今杭州）人。生长于“累代仕宦，簪缨文史”的书香门第，父亲龚丽正系进士，官至苏松太兵备道，外祖父段玉裁是著名的经学家。龚自珍从事社会活动主要在乾嘉之后，当时封建社会已千疮百孔，走向没落，“自京师始，概乎四方，大抵富户变贫户，贫户变饿者，四民之首，奔走下贱，各省大局，岌岌乎皆不可以支月日，奚暇问年岁?”①。龚自珍逝世的前一年，已响起了鸦片战争的隆隆炮声。他的晚年，正是中国封建社会解体，开始走向半殖民地半封建社会的时代。他的思想反映了历史转变关头的时代特征。

龚自珍才华早露，早年所作诗文，“风发云逝，大有不可一世之概”②。他长期随父亲游宦于苏、浙、皖各地，耳闻目睹官场的黑暗腐败，广泛接触“田夫、野老、驺卒”等下层群众，对社会情况有较深的了解。他博学多才，“于经通《公羊春秋》，于史长西北舆地。其文以六书小学为入门，以周、秦诸子吉金乐石为崖郭，以朝章国故世情民隐为质干。晚尤好西方之书，自谓造深微云”③。他的作品淋漓尽致地揭露封建末世的矛盾，尖锐而辛辣地抨击专制主义的种种弊端，因此遭到统治者的忌恨。他 38 岁成进士，此后 10 年，任

---

① 《西域置行省议》，见《龚自珍全集》，106 页，上海，上海人民出版社，1975。

② 吴昌绶：《定盦先生年谱》。

③ 《定盦文录叙》，见《魏源集》（上册），239 页，北京，中华书局，1976。

内阁中书和宗人府主事等小官，浮沉宦海，郁郁不得志。1839 年，他辞官南下讲学。1841 年以暴疾死于江苏丹阳。

龚自珍指出，当时的社会是“日之将夕，悲风骤至”的“衰世”。在社会经济方面，土地兼并十分严重，大官僚、大地主依仗权势，霸占大量土地，聚敛大批钱财，出现了“贫相轧，富相耀；贫者阽，富者安；贫者日愈倾，富者日愈壅”的情况。经济上的贫富不均，势必导致政治上的动荡不安，“至极不祥之气，郁于天地之间，郁之久乃必发为兵燹，为疫疠，生民噍类，靡有孑遗，人畜悲痛，鬼神思变置”①，变革的风暴就快要来到了。

龚自珍在指出社会贫富不均的同时，又揭露封建专制政治的专横和腐败。他总结历代封建专制王朝盛衰的教训：“昔者霸天下之氏，称祖之庙，其力强，其志武，其聪明上，其财多，未尝不仇天下之士，去人之廉，以快号令，去人之耻，以崇高其身；一人为刚，万夫为柔”，在这样的专制统治下，“积百年之力，以震荡摧锄天下之廉耻，既殄、既狝、既夷”②，风气遭破坏，人才被摧残，士大夫养成阿谀奉承、趋福避凶的圆滑习气，看长官的脸色行事，“历览近代之士，自其敷奏之日，始进之年，而耻已存者寡矣！官益久，则气愈媮；望愈崇，则谄愈固；地益近，则媚亦益工”③。官场充塞着这班昏庸卑劣之徒，只知道谋一己的升官发财、封妻荫子，置国家安危、民生疾苦于不顾。他又抨击官场论资排辈的用人制度，“累日以为劳，计岁以为阶”，一个人考中翰林，授庶吉士，而“自庶吉士至尚书，大抵须三十年或三十五年；至大学士又十年而弱。……夫自三十进身，以至于为宰辅、为一品大臣，其齿发固已老矣，精神固已惫矣！”这样的人虽然有些经验，但锐气尽丧，瞻前顾后，“因阅历而审顾，因审顾而退葸，因退葸而尸玩，仕久而恋其籍，年高而顾其子孙，傫然终日，不肯自请去”④。龚自珍把这种人比作衙门

---

① 《平均篇》，见《龚自珍全集》，78 页。
② 《古史钩沉论一》，见《龚自珍全集》，20 页。
③ 《明良论二》，见《龚自珍全集》，31 页。
④ 《明良论三》，见《龚自珍全集》，33 页。

口的石狮子，“具形相向坐者数百年”，资格确实是最老的，却是官僚机构的无用摆设。

龚自珍还批判了封建末世的思想界：万马齐喑，一潭死水。知识分子只会读时文，作八股，脱离实际，志气消磨，所学无用。他认为这是封建专制主义进行思想控制的结果。“当彼其世也，而才士与才民出，则百不才督之缚之，以至于戮之。戮之非刀、非锯、非水火；文亦戮之，名亦戮之，声音笑貌亦戮之。……徒戮其心，戮其能忧心、能愤心、能思虑心、能作为心、能有廉耻心、能无渣滓心。”① 最后，人才被摧残殆尽，朝廷上没有贤明勇武的将相，社会上没有优秀杰出的士农工商，连强盗、小偷也都是低能儿，“起视其世，乱亦竟不远矣”②。所以，龚自珍发出了震撼人心的呼喊：“九州生气恃风雷，万马齐喑究可哀。我劝天公重抖擞，不拘一格降人才。”③ 他期待着风举雷发，人才辈出，能使中华大地重新呈现蓬勃生机。

在揭露和批判现实社会的同时，龚自珍竭力鼓吹变法改革。他说：“自古及今，法无不改，势无不积，事例无不变迁，风气无不移易。”④ 他寄希望于统治者一旦醒悟，能自己进行自上而下的变革。“一祖之法无不敝，千夫之议无不靡，与其赠来者以劲改革，孰若自改革?”⑤ 他认为，一个朝代的盛衰兴亡，最重要的原因是土地、财产是否分配均衡，贫富悬殊是王朝败亡的根源，“浮不足之数相去愈远，则亡愈速，去稍近，治亦稍速。千万载治乱兴亡之数，直以是券矣”⑥。因此，他主张调整和重新分配土地财产，解决贫富不均问题，缓和阶级矛盾。他描绘了一个未来社会的蓝图，希望把租佃关系纳入宗法家族关系的框框，把人们按照血缘关系分成大宗、小宗、群宗和闲民四个等级，按此授予土地，形成一个“宗能收族、族能

---

① 《乙丙之际箸议第九》，见《龚自珍全集》，6～7页。

② 同上书，7页。

③ 《乙亥杂诗》，见《龚自珍全集》。

④ 《上大学士书》，见《龚自珍全集》，319页。

⑤ 《乙丙之际箸议第七》，见《龚自珍全集》，6页。

⑥ 《平均篇》，见《龚自珍全集》，78页。

敬宗”的和睦社会。这些自然都是实现不了的幻想。值得注意的是，龚自珍虽然主张重新分配土地、财产，但并非要求绝对平均，他希望在宗法关系下允许自由竞争，积累私有财产。他说：“上古不讳私，百亩之主，必子其子”，“有能以尺土出谷者，以为尺土主；有能以倍尺若十尺、伯尺出谷者，以为倍尺、十尺、伯尺主”①。他主张人尽其才，各人按照耕种能力拥有土地。他反对封建卫道士的“遏欲”“去私”。这些主张，和他的前辈戴震的思想颇有共同之处。

龚自珍还针对专制君主权力过分集中的弊端，主张扩大大臣和地方的权力，改变督抚大臣不能“行一谋，专一事”的不正常情况；他又力主废除八股，用人不限资格，广泛网罗人才，做到“夹袋搜罗海内空”；他很关心边防海防，主张移民西北，加强防务，设置行省；又提出要警惕西方资本主义“环伺澳门，以窥禺服”。当林则徐被任为钦差大臣，赴广州查禁鸦片时，龚自珍写了《送钦差大臣侯官林公序》，支持禁烟抗英，替林则徐出谋划策。

龚自珍的一些具体改革主张是不可能实现的空想。当历史进程还没有发展到足以提供解决任务的条件和手段时，人们是不可能制定出切实可行的行动方案的。龚自珍思想的可贵之处在于，敏锐地体察并勇敢地揭露社会矛盾，对旧事物进行抨击讽刺，对新事物热情地期待和赞颂。他的诗歌、文章，是中国封建主义走向崩溃的一曲挽歌，对以后的进步知识分子影响甚大。梁启超说：“自珍性詄宕，不检细行，颇似法之卢骚。喜为要眇之思。其文辞俶诡连犿，当时之人弗善也，而自珍益以此自喜。往往引《公羊》义讥切时政，诋诽专制……晚清思想之解放，自珍确与有功焉。光绪间所谓新学家者，大率人人皆经过崇拜龚氏之一时期。初读《定盦文集》，若受电然。”②

魏源（1794—1857），字默深，湖南邵阳人。他和龚自珍都服膺今文经学，倡导经世致用。两人的思想相近，友谊很深，世称之为“龚魏”。魏源出生在小地主的家庭中，少年时代曾广泛接触下层社

---

① 《农宗》，见《龚自珍全集》，49页。

② 梁启超：《清代学术概论》。

会。21岁随父亲到北京，从刘逢禄学《公羊》之学，结交了林则徐、龚自珍、姚莹等，共同研究学问，议论时政。29岁中举后，会试屡次落第。后在大官僚贺长龄、陶澍处当幕友，为他们编书撰文，研究经济政治，协助他们整顿和改革盐政、漕运、河工。鸦片战争期间，他应邀参加两江总督裕谦的幕府，在浙江前线参加抗击英国侵略的战斗。1845年他52岁时才考中进士，任江苏东台、兴化的知县，又升高邮知州。在清政府对付太平天国革命战争的过程中，他“迟误驿报，劾罢职”。他晚年潜心佛学，“不与人事，惟手订生平著述，终日静坐”①。1857年在杭州病逝。

魏源的著述很丰富，既有阐发“微言大义”的今文经学著作《诗古微》《书古微》《公羊春秋古微》《董子春秋发微》等，又有一般地谈论哲学、政治的《默觚》以及探讨财政、经济、军事的《筹河篇》、《筹漕篇》、《筹鹾篇》和《军贮篇》，代人编纂的《皇朝经世文编》，还有历史、地理方面的《元史新编》和对山脉水道的考证。他的著作中，最重要、最具有时代特色的是他在鸦片战争以后编著的《圣武记》和《海国图志》，这两部著作反映了他反对外国资本主义侵略的爱国思想，并提出了“师夷长技以制夷”，向西方学习的进步主张。

1840年英国发动鸦片战争，战争以中国的失败告终。从此，中国封建社会发生了重大转折，向着半殖民地半封建社会走去，民族矛盾和阶级矛盾空前激化。如何对待外国侵略者？如何使国家摆脱危机？每个进步的知识分子都不能不进行思考和探求。魏源是当时知识界了解世界形势最清楚、反抗外国侵略最坚决、所提救国主张最切实的人。他认为鸦片战争的失败主要是政治腐败所造成的，清朝“承平恬嬉，不知修攘为何事，破一岛一省震，骚一省各省震，抱头鼠窜者胆裂之不暇，冯河暴虎者虚骄而无实”②。他把“人心之寐”和“人才之虚”视为社会的两个病根。所谓“寐”，就是糊涂，对世界情势懵懂无知，对当前危机麻木不仁；所谓“虚”，就是空

① 魏耆：《邵阳魏府君事略》，见《魏源集》（下册），858页。

② 《道光洋艘征抚记上》，见《魏源集》（上册），187页。

洞，夸夸其谈，不切实际，并无真知灼见。他看透了官场和知识界的严重问题，提出“去伪，去饰，去畏难，去养痈，去营窟”以克服“寐”；又提出“以实事程实功，以实功程实事，艾三年而蓄之，网临渊而结之，毋冯河，毋画饼”①，以克服“虚”。这位热诚的爱国志士希望鸦片战争的失败会激起中华民族的觉醒，引起人们的“愤”与“忧”，能成为“违寐而之觉，革虚而之实”的关键。

魏源针对长期闭关政策造成的不了解世界情况的弱点，提出“欲制夷患，必筹夷情”的主张。1841年，林则徐被遣戍，路经江口（镇江），与魏源相晤，通宵长谈，林则徐将自己所辑的《四洲志》交给魏源，嘱他续编成书。魏源的诗中记下了当时的情景：“万感苍茫日，相逢一语无。”“与君宵对榻，兰度雨翻蘋。”② 魏源不负林则徐的重托，编成《海国图志》，他说：“《海国图志》六十卷，何所据？一据前两广总督林尚书所译西夷之《四洲志》，再据历代史志及明以来岛志及近日夷图、夷语。钩稽贯串，创榛辟莽，前驱先路。”他提出编撰此书的目的是“以夷攻夷”和“师夷长技以制夷”③。当时的封建顽固派，把外国先进的科学技术视为“奇技淫巧”，对之深闭固拒，不屑一顾。魏源正确地把外国侵略者和他们掌握的科学技术区别对待，认为反对外国侵略者不是要拒绝一切外来的新事物，恰恰相反，只有学习外来的新事物，才能有效地抗击外国侵略者。魏源这一“师夷长技以制夷”的思想，对后继的政治家、思想家都有很大的影响。

什么是“夷之长技”？在魏源的心目中，主要是指军舰、枪炮以及养兵、练兵之法。他建议在广东设造船厂和火器局，聘用外国技师，仿造西方的船只、火器，并且允许商人设厂，“沿海商民，有自愿仿设厂局以造船械，或自用或出售者听之”。除了船、炮之外，他还指出应该学习仿制其他民用工业品，“量天尺、千里镜、龙尾车、风锯、水锯、火轮机、火轮车、自来火、自转碓、千斤秤之属。凡

---

① 《海国图志叙》，见《魏源集》（上册），208页。

② 《江口晤林少穆制府》，见《魏源集》（下册），781页。

③ 《海国图志叙》，见《魏源集》（上册），207页。

有益民用者，皆可于此造之”①。可见魏源主张向西方学习，并不止于军事工业。

二

在龚自珍逝世以后和魏源的晚年，中国发生了农民阶级和地主阶级之间一场空前剧烈的大搏斗。太平天国农民运动发生于1851年，它是中国封建社会固有矛盾在外国侵略刺激下的总爆发。19世纪五六十年代，农民阶级和地主阶级处在刀光剑影的恶战之中，上层和中层的知识分子几乎都站在清朝方面，以全部精力反对农民革命。这时，清朝的某些大官僚已在购买和仿造西方武器，不过那不是用来反抗外国侵略者而是用来镇压农民革命的。

第二次鸦片战争之后，帝国主义和中华民族的矛盾上升，农民革命的浪潮渐趋低落，出现了一些思想较敏锐的要求变革的知识分子，冯桂芬就是其中的一个。

冯桂芬（1809—1874），江苏吴县（今苏州）人，道光二十年（1840）榜眼，曾任广西乡试主考、詹事府右中允等职，因受排挤，弃职家居。当太平军进军苏常地区时，他避往上海。冯桂芬曾积极参与向曾国藩乞师援沪的活动，曾国藩因此推荐李鸿章出任江苏巡抚，率师往上海。冯桂芬又主持上海中外会防局，后又在李鸿章的幕中佐理事务。他的政治立场是完全站在太平天国的对立面。但他接触西方事物较多，对外国情况了解较清楚，对比之下，观察中国社会的弊端也更深刻一些。他著名的著作是1860年所作的《校邠庐抗议》。

冯桂芬思想的一个特色是对腐朽的封建制度进行了多方面的揭露和批判。他在《校邠庐抗议》的自序中指出：“奉军国则民力竭，养兵勇则国力又竭”、“文臣不知兵，武士不晓事”、“倍征无艺”、

① 魏源：《海国图志·筹海篇》。

“运道阻，天庾空”、“水利塞，稻田少，民受其饥”、“科目不得人”、“期功陌路，富贵贫贱不相恤”、“民隐不上达”、“俸薄官贪”、“则例猥琐”、“案牍繁多”、“夷患不已”以及“器用苦窳”等，涉及政治、军事、经济、财政、吏治、科举等各方面的弊病，分析很细致，批判较尖锐。例如，他揭露官场的腐败：“外官自督抚以至典史，某缺肥，岁赢若干；某缺瘠，岁赔若干。所谓肥瘠者，皆陋规之属，扬扬然习于人口，恬不为怪，骤闻之，几疑官名为市肆之名。”① 他又揭发河工衙门的贪赃受贿：“两河岁修五百万，实用不过十之一二耳，其余皆河督以至兵夫瓜剖而豆分之。闻驯谨河员常以十之三办工，贪冒者递减，甚有非抢险不使一钱者。……此河督以下一切官弁兵丁之必宜全裁者也。”② 这些言论招致了某些官僚的反感。所以，吴云给冯桂芬的文集《显志堂稿》作序时说：“先生悲悯在抱，愤时嫉俗之心，时流露于笔墨间，故立言稍激。”

应该说，龚自珍同样是个“悲悯在抱，愤时嫉俗”的思想家，他的锐利笔锋撞击在封建制度的顽石上，往往激发出光辉的火花。冯桂芬在某种意义上可以说是继承了龚自珍的传统。但是，龚自珍生活在鸦片战争前夕，封建制度的脓疮刚开始揭开，他还只能从大处落墨，预言式地宣告暴风雨的到来和变革的必不可免。而冯桂芬的《校邠庐抗议》成于太平天国革命后期，阶级斗争和民族斗争的无情现实搅动了停滞的封建主义污水池，使得沉积在底层的一切渣滓污秽全部浮到表面，冯桂芬已经有进行实际观察的可能，所以他对于封建主义的病症诊断得更加准确。当然，他对黑暗腐朽现实的抨击，仍无非是从保卫封建制度的立场出发的。他要求改善旧制度的某些方面，企图回复到“内可以荡平区宇，夫而后外可以雄长瀛寰”③ 的封建鼎盛局面。他虽然说过“夷务为第一要政，而剿贼次之”④ 的话，但实际上，他在上海主持中外会防局，与外国侵略者

① 冯桂芬：《校邠庐抗议·厚养廉议》。
② 冯桂芬：《校邠庐抗议·汰冗员议》。
③ 冯桂芬：《校邠庐抗议·制洋器议》。
④ 冯桂芬：《校邠庐抗议·善驭夷议》。

一起镇压太平天国革命。反动的政治生涯蒙蔽了冯桂芬的视野，他不可能更加深刻地观察社会的矛盾。他所提出的治疗中国社会的方案大体上并没有超出地主阶级可以接受的范围。

和魏源一样，冯桂芬提出了变法和学习西方的主张。他的变法原则是："以中国之伦常名教为原本，辅以诸国富强之术"①。这一原则和洋务派后来所说的"中学为体，西学为用"并没有多大区别。他所说的"诸国富强之术"仍只是"坚船利炮"，但比起魏源来，他更着重"能造、能修、能用"。他不仅主张采用外国的武器，而且强调学习制造武器的方法，他说："能造、能修、能用，则我之利器也；不能造、不能修、不能用，则仍人之利器也。利器在人手，以之转漕而一日可令我饥饿，以之运盐一日可令我食淡，以之涉江海一日可令我覆溺。仓卒有隙，幡然倒戈，舟中敌国遂为实事。"②

为了学习制造枪炮船舰的技能，冯桂芬比他的前辈们更加重视西方科学技术的成就。他说，西方国家的"算学、重学、视学、光学、化学，皆得格物至理，舆地书备列百国山川厄塞、风土物产，多中人所不及"③。他一方面主张设立翻译馆，从通晓外国语言文字入手，学习历算之学、格物之理、"制器尚象"之法；另一方面主张以举人、进士的职衔奖赏精通武器制造的能者，"重其事，尊其选，特设一科以待能者"④。在武器制造以外，冯桂芬也提出了学习科学、发展工业的主张，他说："闻西人见用地动新术，与天行密合，是可资以授时……闻西人海港刷沙，其法甚捷……是可资以行水。又如农具、织具，百工所需，多用机轮，用力少而成功多，是可资以治生。其他凡有益于国计民生者皆是。"⑤ 但这类主张，在他的全部言论中还不占主要地位。在冯桂芬看来，只要掌握一些西方的科学技术和制造船炮的本领，再加上他臆想的一些复古的办法，就可以解决中国的问题，使封建制度的痼疾豁然痊愈，还能超越西方资

① 冯桂芬：《校邠庐抗议·采西学议》。
② 冯桂芬：《校邠庐抗议·制洋器议》。
③ 冯桂芬：《校邠庐抗议·采西学议》。
④ 冯桂芬：《校邠庐抗议·制洋器议》。
⑤ 冯桂芬：《校邠庐抗议·采西学议》。

本主义国家。“始则师而法之，继则比而齐之，终则驾而上之。自强之道，实在乎是。”①

当一种全新的事物突然出现时，在最初时刻，人们往往只能瞥见它最突出的某些方面。从这些方面出发，人们经历一个实践过程，认识逐渐深化，才能对新事物的本质达到较为深入、较为完整的认识。中国人对西方资本主义的认识，正是这样走过来的。在 19 世纪 60 年代，中国的一些官僚和知识分子经过对外战争的失败而认识了西方武器的威力，并进而初步承认西方科学技术和生产力的某些成就。但是，他们还没有认识到产生这些力量的西方社会制度的性质，还没有认识到武器、科学技术、生产力和一定社会制度的必然联系。因此，他们一点也没有意识到西方的社会制度方面还有哪些东西值得学习和借鉴。这是 19 世纪 60 年代刚刚从地主阶级中分化出来的一部分改革派的普遍思想状况，冯桂芬就是这样的代表人物。

冯桂芬对清朝统治下的各种黑暗腐朽现象的揭露，给了后来的资产阶级维新运动以较大的影响。在戊戌变法运动中，清廷曾将《校邠庐抗议》一书发交全国官僚讨论，以集中各方面的意见，并做舆论准备，推进变法运动。立新必须破旧，以后资产阶级改良主义思想家抨击旧制度的锋芒所向，有很多是《校邠庐抗议》中已经指出的腐败现象。而改良主义思想家对西方社会制度所达到的认识高度，也不过是对魏源、冯桂芬等认识的深化和发展。不过，后来改良主义思想家的认识中，更多地注入了发展资本主义关系的新内容。从思想发展的脉络来说，包括林则徐、龚自珍、魏源、冯桂芬等在内的改革派，是资产阶级维新派的前身。

三

《校邠庐抗议》一书发表以后的 10 多年内，世界和中国正经历

① 冯桂芬：《校邠庐抗议·制洋器议》。

极大的变化。在世界上，某些国家已经开始从自由资本主义向帝国主义过渡。列强分割殖民地的斗争更加激烈，老牌和新起的殖民主义强盗仗剑策马，驰逐在世界的各个角落。在中国，太平天国运动、捻军和各少数民族的起义陆续被镇压下去，大规模的反对清朝统治的群众斗争渐趋消沉，国内的阶级矛盾退居次要地位，而资本主义列强的经济、政治、军事、文化侵略日益深入。从 19 世纪 70 年代起，入超迅速上升，中国社会经济面临着一场空前浩劫。同时，中国的邻邦和边疆遭到外国侵略者的宰割与武装入侵，形势是非常严峻的。在外国的疯狂侵略下，国家和民族的前途将会怎样？如何能够使祖国在强敌环伺之下继续生存下去？如何能够使贫穷、落后的中国迅速富强起来？这是在一切先进知识分子头脑中占支配地位的首要的问题。

魏源、冯桂芬等曾经认为，只要学习外国的武器和某些科学技术，就足够解决中国的问题。但是，19 世纪 60—70 年代洋务派开办军火工业、设立同文馆等的实际成绩，证明这些是远不能使中国振兴起来的，从西方资本主义移植过来的这些工业和教育机构，在封建主义的土壤上迅速地变形，成为封建官僚们贪污浪费和实行专横统治的小王国。它们虽然花费了大量的资金，但成效甚微，没能制造出足以抵抗侵略的武器，也没能培养出真正的专门人才。这一点是连清政府和洋务派首领李鸿章也并不否认的。

同治十三年（1874），李鸿章在海防争论中提到了“变法”，封建官僚把洋务运动从军事领域推广到经济、教育等领域，这是洋务历史上的重要一步。在这同时，一些知识分子和中下级官吏在“变法”的口号下提出种种主张，他们在魏源、冯桂芬所已达到的水平上继续前进。其著名的代表有薛福成、马建忠、王韬等。他们都长期游历外国或居住香港，对外国的情况了解得更加清楚。他们的言论代表着刚刚出生的中国资产阶级的利益和趋向，但很多方面又和洋务派官僚很接近，难以清楚地判明两者之间的界限。

薛福成（1838—1894），字叔耘，号庸盦，江苏无锡人，副贡出身。1865 年入曾国藩幕，后又入李鸿章幕。中法战争中，官宁绍台道，在浙江综理军务，抗击法舰。1889 年任出使英、法、意、比四国大臣。他的著作有《庸盦十种》。其中，《庸盦文编》和《筹洋刍议》是反映他前期（中法战争以前）思想的重要作品，《庸盦海外文编》《出使日记》《出使日记续刻》是反映他后期（中法战争以后）思想的重要作品。

马建忠（1845—1900），江苏丹徒人。曾留学法国，后来长期在李鸿章幕下工作，曾任轮船招商局和上海织布局的总办。其重要著作有《适可斋记言》。

王韬（1828—1897），江苏长州（今苏州）人。1862 年曾向太平天国苏州守将刘肇均上书，建议进攻上海。后被清政府发觉，指名缉捕。王韬在英国人的庇护下逃往香港，之后游历各国，接触了许多新知识。1874 年他在香港创办《循环日报》，宣传变法自强。1884 年后回到上海居住。他的著作很多，在政治思想方面的重要作品有《弢园文录外编》《弢园尺牍》等。

薛福成和马建忠都是李鸿章的幕僚，都是洋务运动的策划者和执行者。在中法战争以前，他们的思想基本上没有超出洋务派思想的范围。但中法战争以后，他们的思想有了一定的发展，表现出更多的资本主义倾向。王韬则和洋务派关系较浅，他的著作对洋务运动批判较多，提出了一些激进的主张。但是王韬的作品大部分写成于中法战争以前。当时，实际生活还没有证实洋务运动的完全无效，王韬也不可能更多地突破洋务运动的总范围而开辟一条全新的道路。

中法战争前，在薛福成、马建忠和王韬的思想中，“变法”和“学习西方”的范围已经大大地推广了。他们不仅主张学习西方的坚船利炮和声光化电，而且积极主张设工厂、开矿藏、行轮船、筑铁路，以及学习西方的教育、商务、法律和政治制度的某些方面。薛福成说：“西洋诸国，恃智力以相竞，我中国与之并峙。商政矿务宜筹也，不变则彼富而我贫；考工利器宜精也，不变则彼巧而我拙；火轮、舟车、电报宜兴也，不变则彼捷而我迟；约章之利病，使才之优绌，兵制阵法之变化宜讲也，不变则彼协而我孤，彼坚而我脆。”① 马建忠说：“忠此次来欧一载有余，初到之时，以为欧洲各国富强专在制造之精、兵纪之严。及披其律例，考其文事，而知其讲富者以护商会为本，求强者以得民心为要。护商会而赋税可加，则盖藏自足，得民心则忠爱倍切而敌忾可期。他如学校建而智士日多，议院立而下情可达。其制造、军旅、水师诸大端，皆其末焉者也。”② 王韬说：“中西同有舟而彼则以轮船，中西同有车而彼则以火车，中西同有驿递而彼则以电音，中西同有火器而彼之枪炮独精，中西同有备御而彼之炮台、水雷独擅其胜，中西同有陆兵水师而彼之兵法独长。其他则彼之所考察，为我之所未知，彼之所讲求，为我之所不及，如是者直不可以偻指数。设我中国至此时而不一变，安能埒于欧洲诸大国而与之比权量力也哉！”③

由上述言论可见，他们认为值得向西方学习的东西是很多的，范围很广泛。他们的前辈魏源、冯桂芬等对于西方文明的认识尚失之于狭隘，在重重遮掩的封建帷幕的缝隙中，主要是瞥见了西方国家船坚炮利的一面。到了 19 世纪 70 年代以后，外国对华侵略日益深入，中国和外国的接触日益频繁，封建帷幕上已撕裂了许多大缺口，透过这些缺口，知识分子隐约地窥到了资本主义世界的全景。其中特别引起他们注意的，就是像神话般发展起来的生产力，对这种经济奇迹，不能不叹为观止。他们对于和生产力相适应的上层建筑的某些方面也有所注意。薛福成、马建忠、王韬在一定程度上克服了他们的前辈魏源、冯桂芬的狭隘眼界，要求大规模向西方学习。

但在那时，先进的知识分子对资本主义文明并没有达到一个总体的认识。西方国家生产力和社会制度的各种表象杂乱无章地浮现在他们的头脑中。他们误认为，各种表象是孤立地存在的，可以把它们逐个地从资本主义机体上切割下来，简单地移植到中国。他们并未认识到各种表象都是整个资本主义链条中互相关联的各个环节。

---

① 薛福成：《筹洋刍议·变法》。
② 马建忠：《适可斋记言》卷二，《上李伯相言出洋工课记》。
③ 王韬：《弢园文录外编》卷一，《变法中》。

因此，他们的变法方案同样是杂乱无章地罗列着许多具体措施，并且生硬地把它同中国封建主义的旧基础结合起来。薛福成说："我国家集百王之成法，其行之而无弊者，虽万世不变可也！""今诚取西人器数之学，以卫吾尧、舜、禹、汤、文、武、周、孔之道，俾西人不敢蔑视中华……是乃所谓用夏变夷者也"①。这种言论和魏源、冯桂芬如出一辙，和洋务派官僚也没有多大的差别。

和杂乱的措施相伴随的是杂乱的变法步骤。在当时先进的知识分子那里，许多具体的变法措施并列在一起，根本问题和次要问题分辨不清。变法应该从哪里入手，采取什么步骤，他们并没有给出明确的答复。王韬再三批评洋务运动杂乱无章，本末倒置，他说："盖洋务之要，首在借法自强。非由练兵士、整边防、讲火器、制舟舰，以竭其长，终不能与泰西诸国并驾而齐驱，顾此其外焉者也，所谓末也。至内焉者，仍当由我中国之政治，所谓本也。"但什么是"本"呢？王韬含含糊糊地答道："其大者，亦惟是肃官常、端士习、厚风俗、正人心而已！"② 毫无疑问，封建社会的"官常、士习、风俗、人心"是应当改革变化的，但怎样才能改变这一切？在应该提出改革的具体措施和具体步骤的地方，他恰恰停了下来，无力提出改变这一切的明确而可行的方案。

有时候，王韬似乎有跨进一大步的趋势。他说："天下何以治？得民心而已！""治民之大者，在上下之交不至于隔阂。"③ 从这里出发，他认为西方国家的君主立宪制度可以使"上下相通，民隐得以上达，君惠亦得以下逮。都俞吁咈，犹有中国三代以上之遗意焉"④。但是，王韬对西方政治制度的赞美并没有导致他积极地提出在中国实行君主立宪制度的主张。在更多的时候，他陷入各种复杂表象的迷宫，而抓不住要害。在他看来，使中国富强的首要问题是培养和任用人才，强调"自强尤以得人为先"⑤，"贤才在上则国治，

① 薛福成：《筹洋刍议·变法》。
② 王韬：《弢园文录外编》卷二，《洋务下》。
③ 王韬：《弢园文录外编》卷一，《重民中》。
④ 王韬：《弢园文录外编》卷一，《重民下》。
⑤ 王韬：《弢园文录外编》卷三，《设领事》。

贤才在下则国乱”[1]，“今日我国之急务，其先在治民，其次在治兵，而总其纲领则在储材”[2]。自然，培养和任用人才是重要的任务，但是如果不改变腐败的封建政治制度，又怎能培养和任用真正的人才？把“储材”放在一切兴革事宜之上，当作挽救中国的首要任务，不能不说是虚幻的空想。王韬批评洋务派把军事提到首位是本末倒置，这是正确的。而他自己把人才提到首位，同样重蹈本末倒置的覆辙。

薛福成和马建忠则表现出另一种倾向。他们比较强调“通商”。薛福成说：“西人之谋富强也，以工商为先，耕战植其基，工商扩其用也。”[3] 马建忠的前期著作一再强调保护商会，发展贸易，减轻商税，修筑铁路，等等。但是，在薛福成、马建忠提出的方案中，发展资本主义与巩固封建政治是并行不悖的，他们并没有意识到两者是不可调和的。

薛福成、马建忠、王韬等人，正处在全面接触资本主义的初期阶段。五彩缤纷的西方世界突然显现在他们面前，使他们头晕目眩，应接不暇。这时知识界对西方世界的东西基本上停留在直观认识的感性阶段，还来不及进行深刻的思索和细致的辨析。他们主张学习西方世界的一切，把它们介绍到中国来，和中国的旧文化相调和。他们反对顽固的封建保守派，热烈地鼓吹变法自强，并且丰富与扩大了变法的内容和范围，这是他们的功绩。但是，他们没有认清资本主义的本质和内在联系，分辨不清变法措施的主次和先后。如果说魏源和冯桂芬的变法偏重在船坚炮利，失之狭隘的话，那么薛福成、马建忠、王韬等虽然避免了前辈思想家的狭隘，但又产生了另外的弱点，这就是：百废俱举，头绪纷繁，失之于庞杂。他们虽然接触到通商制度、议会政治，但这类见解又和大量接近洋务派的言论混杂在一起，因而减损了价值。

---

① 王韬：《弢园文录外编》卷一，《原才》。

② 王韬：《弢园文录外编》卷一，《变法下》。

③ 薛福成：《筹洋刍议·商政》。

四

在19世纪70年代和80年代之初，虽然中国的资本主义经济刚刚产生，外国的侵略正在逐步加深，但是李鸿章等搞的一套洋务措施标榜求强求富，借西方资本主义的技艺以支撑封建制度，这给人一种幻觉，似乎清王朝还有延续和中兴的希望。资产阶级性质的变法要求虽在酝酿，但并没有紧迫地提上日程，而是基本上还处于议论阶段，因此这种议论就不能不是空泛的、凌乱的。

要从庞杂纷繁的变法的议论中向前跨出一步，单单依靠思想家们的主观逻辑显然是不够的。只是资本主义经济的发展和民族危机的加深，才使矛盾更清楚地暴露出来，才可能扫除思想家头脑里的模糊性，才使资产阶级的变法要求更加迫切、更加明确起来。客观的社会进程为人们的主观思维不断地开辟着前进的道路。在80年代的中法战争以后，一批先进的思想家在客观形势的推动下，从70年代所达到的思想高度出发，继续向前迈进，提出了更加鲜明的资产阶级要求。

中法战争以后，清政府用对外妥协的巨大代价换取了帝国主义的“谅解”和支持，统治局面出现了相对的平静。但是，在这种表面的平静之下，正在酝酿着并开始翻滚着更大的波涛。一方面，新兴的日本奉行对外扩张政策，气焰日益嚣张，时刻有破坏远东力量均势的可能；另一方面，中国的对外贸易江河日下，国穷财竭，民不聊生。在险恶的形势下，中国的资本主义机器工业开始成长起来，但又不可能顺利地发展。在中法战争中，清政府造船制炮的洋务运动的成果，像纸糊的房屋一样，塌下了半边。一些先进的知识分子产生了怀疑、彷徨和不满，他们从洋务派集团中进一步分化出来，对洋务运动进行批评和抨击，进一步提出改革的要求。其代表人物，除了前面已提到的薛福成、马建忠之外，还有何启、郑观应、陈炽、陈虬等人。

何启（1859—1917），广东南海（今广州）人，香港律师。从1887年到1900年，他和胡礼垣分别或合作撰著政治论文，鼓吹变法，由胡汇编为《新政真诠》出版。郑观应（1842—1921），号陶斋，广东香山（今中山）人，曾为太古轮船公司的买办，后参加李鸿章洋务集团，经办过轮船招商局、上海电报局、上海机器织布局等企业。他早期的著作有《救时揭要》《易言》等。甲午战争前夕，他对早期著作大加修订，出版了《盛世危言》。陈炽（1855—1900），江西瑞金人，曾在北京任下级官职，在1893年写成《庸书》。陈虬（1851—1903），浙江乐清人，举人出身，大概曾长期做幕友，在1892年撰《治平通议》。

中法战争以后，先进知识分子开始从"洋务自强"的幻梦中逐渐清醒。推行20多年的洋务措施为什么没有成效？在五光十色的西方资本主义文明中究竟哪些东西是立国的根本？中国的富强措施应该从何入手？对这些问题，很多知识分子进一步加以思索，开始突破洋务派的牢笼，走向其对立面。在19世纪70年代，还只有像王韬这样个别的思想家偶尔发表批判洋务派的言论，而到80年代，情况就迥然不同了，如1887年何启所写的《书曾袭侯〈中国先睡后醒论〉后》，洋洋洒洒，慷慨激昂，系统地驳斥了洋务派曾纪泽，抨击了那种认为船坚炮利就可以振兴中国的错误言论。这时，先进知识分子不同程度地表现出批判洋务派的倾向。如陈炽批评洋务派的学习外国是"弃其菁英而取其糟粕，遗其大体而袭其皮毛"①。又说："今之言洋务者，动曰讲求公法，整顿海防，制器练兵，购船造炮，自以为当务之急，而不知皆缓图也。"② 郑观应说："六十年来，万国通商，中外汲汲然言更新，言守旧，言洋务，言海防，或是古而非今，或逐末而忘本，求其洞见本原，深明大略者，有几人哉！"③

以前，王韬在批判洋务派本末倒置的时候，提出要"结民之心，作民之气"，但是他并没有切实地答复怎样才能够"结民之心，作民

---

① 陈炽：《庸书·内外篇自序》。
② 陈炽：《庸书·外篇》卷上，《商部》。
③ 郑观应：《〈盛世危言〉初刊自序》。

之气”，因此他的主张流于空泛而难以捉摸。80 年代的知识分子同样批判洋务派本末倒置，但比王韬跨进了一大步。他们认为西方国家“君民共主”的议会政治和重商的经济制度才是治国的根本，变法只有抓住这个根本和纲领，才能推动一切改革而使中国臻于富强。郑观应写道：“中华而自安卑弱，不欲富国强兵为天下之望国也，则亦已耳！苟欲安内攘外，君国子民持公法以永保升平之局，其必自设立议院始矣。”又说：“欲张国势，莫要于得民心；欲得民心，莫要于通下情；欲通下情，莫要于设议院。”① 这显然是贯彻和发展了王韬的思想，把王韬“结民之心，作民之气”的主张落实到仿效资产阶级的议会政治。此外，陈虬说：“泰西富强之道，在有议院以通上下之情，而他皆所末。”② 陈炽说：议院是“英美各邦所以强兵富国，纵横四海之根源也”③；又说：“富国强兵，非商曷倚？……此救时之急务，制敌之先机”④，“制国用者必出于商，而商务之盛衰，必系国家之轻重，虽百世可知矣”⑤。尽管各位思想家的变法方案存在很多次要的分歧，尽管他们都提到军事、行政、外交、教育、法制等各方面复杂的改革措施，但是他们变法主张的重点几乎全都放在重商和实现君民共主的政治制度上。连长期在李鸿章手下任事，又担任出使大臣的薛福成，其后期思想也有了明显的进步。他说：“西洋各邦，立国规模，以议院为最良。”⑥ 又说：“欧洲立国，以商务为本，富国强兵，全借于商。”⑦ 重商和君民共主成为 80 年代先进知识分子之政治思想的重要特色。他们摒弃了把船坚炮利当作富强手段的地主阶级改革派的思想，克服了魏源、冯桂芬等思想上的狭隘性、片面性，又在纷繁复杂的西方文明中找到了变法自强的枢纽，克服了 70 年代知识界思想的庞杂和纷乱。他们从多方面发挥自己的主张，形成了资产阶级改良主义者改造旧中国的方案，成为戊戌维

---

① 郑观应：《盛世危言》卷一，《议院上》。
② 陈虬：《治平通议》卷六，《上东抚张宫保书》。
③ 陈炽：《庸书·外篇》卷下，《议院》。
④⑤ 陈炽：《庸书·外篇》卷上，《商部》。
⑥ 薛福成：《出使英法义比四国日记》卷二，光绪十六年七月二十一日。
⑦ 薛福成：《出使英法义比四国日记》卷三，光绪十六年八月初九日。

新运动的直接先驱。

五

为了进一步理解资产阶级改良主义思想的内容，以下对君民共主说和重商思想做一些简单的分析。

当时的先进思想家们所说的“君民共主”究竟是怎样的政治制度?

薛福成这样说：“西洋各邦，立国规模，以议院为最良。然如美国则民权过重，法国则叫嚣之气过重，其斟酌适中者，惟英、德两国之制，颇称尽善。”① 当时的思想家都认为：英国、德国式的君主立宪政体是最完美的制度，从王韬到何启、郑观应、陈炽、陈虬等，他们都用不同的语言表达了和薛福成相同的思想。

对这些正在从地主阶级中分化出来的知识分子来说，美国和法国的民主共和制度还是一种不能接受的“异端”，还是必须加以抵制的“洪水猛兽”。他们认为，民主共和，“权偏于下”（郑观应语），“权不一而志不齐”，“人杂言庞，职卑量隘”（薛福成语），甚至把民主共和制理解为“政柄在贫贱之愚民”，认为实行这种制度的必然结果就是政治上的混乱和分裂。他们受封建君主专制的传统思想的束缚是如此牢固，以至无法想象没有皇帝怎能建立一种稳定的政治秩序。他们的改革方案中，“皇帝”仍是至高无上的权威，仍是必不可少的主导核心。在他们看来，西方国家君主立宪制度不无遗憾的一大缺陷就是君权过轻。陈炽就这样说：“君为臣纲，古有明训，西人倡自主之说，置君如弈棋。其贤者尚守前规，不肖者人思自取。若巴西诸国，彼此相攻，大乱方滋，隐忧未艾。此无君臣之伦者不足以致太平也。”② 薛福成晚年也讲：“西洋各国……所设上下议院，亦合古之刑赏与众共之之意。惟流弊所滋，间有一二权臣武将，觊

① 薛福成：《出使英法义比四国日记》卷二，光绪十六年七月二十一日。

② 陈炽：《庸书·外篇》卷下，《审机》。

窃魁柄，要结众心，潜设异谋，迫令其君退位……此其君臣一伦，稍违圣人之道者也。”①

中国早期的资产阶级启蒙思想家并不是要求完全摒弃皇帝的权力地位，只是客观实际迫使他们不得不提出对皇帝权力会发生限制作用的“君民共主”主张，这是因为客观实际已经暴露了专制君主制度不可争辩的腐朽性，各种黑暗腐败现象首先表现为君主专制权力的专横和不合理。在等级森严的君主制度下，一小撮昏庸无能的统治者高高在上，把广大劳动人民践踏在脚底下，上下隔阂，矛盾十分尖锐，连中小地主和新兴的资产阶级也处于无权的地位。而这样一个对内作威作福的专制政权，却在对外战争中屡战屡败，只能以出卖国家主权利益来取得帝国主义的欢心和支持。官场的黑暗腐朽、社会的疮痍残破以及对外战争和交涉中的丧权辱国，都在证明君主专制统治是中国贫穷落后的祸根，新的历史事变似乎在给这种制度宣判死刑。

当时的先进思想家从复杂的历史链条中确实抓住了一个突出的环节，即封建的君主专制制度。他们宣称：中国的落后贫困是由于君民之间存在不正常的政治关系，这种不正常的政治关系可以归结为皇帝、官僚同包括不当权的地主、商人在内的所有人民之间的隔阂太深。思想家们认为：隔阂太深，便造成了暴虐腐败的统治，使得社会动荡不安，使得国家贫弱落后。这种意见是很普遍的，我们从冯桂芬那里已经听到过，冯桂芬说：“上与下不宜狎，狎则主权不尊，太阿倒持而乱生；上与下又不宜隔，隔则民隐不闻，蒙气乘辟而乱又生。”② 这种言论，在王韬那里得到了发挥。王韬说：“治民之大者，在上下之交不至于隔阂……勿以民为弱，民盖至弱而不可犯也；勿以民为贱，民盖至贱而不可虐也；勿以民为愚，民盖至愚而不可欺也。夫能与民同其利者，民必与上同其害；与民共其乐者，民必与上共其忧。”③ 王韬所说的“犯民”“虐民”“欺民”，正是封

---

① 薛福成：《出使英法义比四国日记》卷五，光绪十六年十二月初一日。

② 冯桂芬：《校邠庐抗议·复陈诗议》。

③ 王韬：《弢园文录外编》卷一，《重民中》。

建专制君主统治的特征。他要求待民宽厚，以缓和矛盾。对于封建专制君主统治的不合理，何启说得更加尖锐而无所顾忌。他说："今者中国，政则有私而无公也，令则有偏而无平也。庶民如子而君上薄之，不啻如奴贱也；官吏如虎而君上纵之，不啻如鹰犬也。""豺狼噬人也，犹有饱时，而官府之私橐，无时可饱。"①

改良主义思想家对君主专制权力的愤恨和抨击，并没有导致他们要求推翻这个制度。事情看来很奇怪，这些思想家反而认为：专制制度本身是完美的、无罪的，只是某些偶然的、外在的因素才造成"君民隔阂"的状态；如果去掉这些因素，进行某些改革，那么隔阂就会消除，问题就会解决。在这里，封建统治不合理的责任被推给外在因素，而君主专制制度本身仍然得到宽容和尊重。由此，思想家们认为自己的理论宣传任务，并不是鼓动人民推翻这种制度，而是要使它臻于纯洁，得到巩固。他们要求至尊无上的皇帝重视民间疾苦，广开言路，倾诚纳谏，使下情上达，政治清明。他们甚至认为，这样做正是为了提高皇帝的权威。陈炽说，实行议会政治之后，"合君民为一体，通上下为一心……民气日舒，君威亦日振"②。

看来颇为奇怪的改良主义思想家们的想法，其实并不新鲜，我们在中国的封建传统政治的历史中曾不止一次地碰到过这种情况。当封建社会矛盾尖锐化，专制统治暴露危机的时候，也曾有不少人用"民贵君轻""君民一心""上下交孚"等封建政治理论来提醒最高统治者，要求统治者设法缓和阶级矛盾。不过，改良主义思想家和他们的封建前辈是不同的。被改良主义思想家作为救生妙药而注入封建专制制度机体中的是从西方移植过来的议会政治这种"异物"，这种"异物"将和专制的机体产生排斥作用，移植将会导致专制机体的衰萎和死亡，这是改良主义思想家所始料不及的。他们的主观愿望在于给封建的君主专制制度修缺补漏，因而借助一种必然会限制、削弱专制君主权力的议会制度。他们实际上正在偏离专制主义的政治轨道，但却宣称自己的脚步分毫不差地踩在这条轨道上，

① 何启、胡礼垣：《新政真诠初编·曾论书后》。

② 陈炽：《庸书·外篇》卷下，《议院》。

而且认为“君民共主”的议会制度不过是消除君民隔阂的一种具体措施，恰恰可以使君主长治久安，丝毫无悖于古圣贤提出的君臣之义的教导。在改良主义思想家的手里，封建的统治教条被悄悄地赋予新的解释，资产阶级的政治理论在旧的思想形式中得以体现。

早期的资产阶级启蒙思想刚刚从西方传入，支持这种思想的新的阶级还不够强大，因此，启蒙思想家们为了使新的观念能够得到旧营垒里的人们的一定同情，就不得不迎合传统的政治教条。在这种情况下，议会制度的意义和作用被大大地弱化了，似乎它可以辅助封建专制君权的不足，而与之共存。在西方资产阶级国家的一般情况下，议会是权力机构，制定法律，决定国家的大政方针，不受行政机构的干预（当然，它实际上也只是资产阶级的统治工具）。而中国的启蒙思想家心目中的议会，这种庄严的外观和表面的权力是没有的。他们在搬取西方的议会制度时，无不主张“斟酌变通”。经过他们“斟酌变通”之后的议会制度，大概有以下几种：

第一种是把议会制度和科举制度联系在一起。如何启在《新政真诠》中提出：县议员在秀才中选出，府议员在举人中选出，省议员在进士中选出。省议员每年一次集中到北京开会，“君国大政，其权虽出于君上，而度支转饷，其议先询诸庶民”①。这还算是要分取一小部分权力的较激进的方案。

第二种是把议会制度和乡官制度结合在一起。如陈炽提出：每乡举乡官二人，“其年必足三十岁，其产必及一千金。然后出示晓谕，置匭通衢，期以三月，择保人多者用之”。议员的任期为两年，有薪俸和办公机构，定期开会，“大政疑狱，则聚而谘之”；但“贪婪专愎者，官得随时撤之”②。不但议员的资格、权力有许多限制，而且议员要仰行政权力的鼻息，官吏可以“随时”撤掉议员。

第三种是干脆把议会制度和官僚机构融为一体。如汤震提出：由四品以上的高级官僚组成上议院，以军机处主之；由四品以下的中下级官吏组成下议院，以都察院主之。国家的大政方针，由两院

① 何启、胡礼垣：《新政真诠二编·新政论议》。

② 陈识：《庸书·内篇》卷上，《乡官》。

议员讨论其利害得失，“由宰相（军机大臣）核其同异之多寡，上之天子，请如所议行”①。在这一方案中，议会成为官僚机构的下级机关，丧失了它的权力和独立性。

这三种方案，有激进与保守之分，具体措施也不相同，但基本精神都要维护君权的尊严。他们设计的议会不过是皇帝的一个扩大了的咨询机关，而不是权力机关。议员们都是官僚、准官僚或地主、文士，皇帝则被要求更多地俯顺“民情”。这里所谓“民”，是指不当权的绅商，而非广大的劳动人民。议会制度要建立，可是君主的专制权力是不可动摇、不可分割的。西方资本主义国家中的所谓三权分立和议会的独立尊严在近代中国是没有的。在这里，议会成为皇帝的仆从、专制政治的点缀。早期的启蒙思想家们对议会制度的理解和要求不可能走得很远，他们的思想受当时经济状况和阶级关系的制约：既然在经济领域资本主义还十分微弱，封建经济占着绝对的统治地位，既然资产阶级才刚刚诞生，还没有剪断从封建母体中带来的脐带，还根本谈不上和封建制度对抗，那么早期的资产阶级启蒙思想家的政治要求就只能夹杂在大量的封建言论中，不可能更加尖锐、更加鲜明地表达出来。他们虽然已从西方借来了议会制度的武器，但却小心翼翼地不敢触及专制皇帝的权威。

应该指出，当时提出议会政治是符合历史发展要求的，是在民主的道路上跨进了一步，它有利于资产阶级进入权力机关，分享权力。不过，由于鼓吹和实现议会制度势必削弱专制皇帝的权威，限制专制皇帝的权力，这就自然为专制皇帝及其他贵族所深忌，因之，早期的资产阶级启蒙思想家不得不竭力把自己的主张和封建专制的政治教条调和起来。但是，这种调和只是暂时的现象，不可能维持多久。议会政治的理论一旦出现，它就会随着经济的进步、资产阶级的成长以及民族危机的加深和封建统治的腐朽而日益蓬勃地发展与传播，导致对封建专制制度的批判、谴责和否定，这是启蒙思想家们巨大的历史功绩。当然，这些思想家还是谨小慎微的，他们始

---

① 汤震：《危言》卷一，《议院》。

终站在君主立宪的旗帜下，不敢越雷池一步。对他们来说，民主共和与暴力革命是不能接受的“邪说”，进一步用笔墨和刀枪批判与否定封建君主专制制度的任务，是由以后的资产阶级革命派承担和完成的。

六

除了“君民共主”的议会制度之外，资产阶级启蒙思想家还提出了“重商”的思想，宣称“商”是富国强兵的另一个根本关键。陈炽说：“商务盛衰之枢，即邦国兴亡之券也。”① 薛福成说：“握四民之纲者，商也。”② 这种思想和封建顽固派“重农轻商”“崇本抑末”的论调是直接对立的。

启蒙思想家所说的“商”，包括了以对外贸易为中心的整个国民经济的广泛领域。19 世纪 70 年代以后，外国商品大量输入中国，入超成了当时最突出的经济问题。由于外国商品输入激增，所以中国广大农村成为倾销这种商品的市场，手工业受其排挤，城乡人民日益贫困破产。薛福成说：“今以各国商船论，其于中国每岁进出口货价银在二万万两上下，约计洋商所赢之利，当不下三千万，以十年计之，则三万万。此皆中国之利，有往而无来者也。无怪近日民穷财尽，有岌岌不终日之势矣。”③ 启蒙思想家们目睹时艰，没有一个不力图改变这种江河日下的入超趋势，堵塞对外贸易的重大漏卮。这样，他们的经济主张、救时方案就自然而然地偏重在对外贸易方面。他们跟西方国家资本主义发展初期的重商主义学派很接近，从流通过程中的现象和危机出发，来理解当代的经济生活和自己的经济任务。这些思想家以为，财富就是货币的积聚，而流通就是实现财富增长的源泉。他们的许多经济主张归结到一点，就是力求扭转

① 陈炽：《庸书·外篇》卷上，《公司》。

② 薛福成：《庸盦海外文编》卷三，《英吉利用商务辟荒地说》。

③ 薛福成：《筹洋刍议·商政》。

对外贸易的巨大逆差，使金银不致外流，以保持国内的货币贮藏。马建忠说，西方国家，“无不以通商致富。尝居其邦而考其求富之源，一以通商为准。通商而出口货溢于进口者利，通商而出口货等于进口者亦利，通商而进口货溢于出口者不利”。他把进出口货物的比例视作通商是否有利的准绳，并说：“欲中国之富，莫若使出口货多，进口货少。出口货多，则已散之财可复聚；进口货少，则未散之财不复散。其或散而未易聚也，莫若采取矿山自有之财。”① 正是从发展对外贸易和获得货币财富出发，马建忠提出了整顿丝茶贸易、发展纺织事业、开采金银矿山等一系列的所谓“富民”措施。

中国的早期启蒙思想家们对经济实际运动的观察只停留在表面。在他们那里，资本主义生产方式的特征仅仅在货币资本循环的形态上被表示出来，资本增殖的过程被认为是在流通领域内完成的，并且仅仅是货币自身活动的结果，而生产只是货币自身增殖的一个条件。他们把发展生产的要求附属于发展对外贸易和取得货币财富的要求之下。这种观点是商品经济正在迅速发展，而资本主义大工业生产尚未建立优势的那个社会发展阶段的产物。

尽管启蒙思想家们对资本主义生产的本质并无深刻的认识，但他们的经济思想具有明显的爱国、进步的性质。他们要求发展本国经济，保护民族工商业，和帝国主义进行经济竞争。他们提出“商战”的口号，甚至把抵抗外国经济侵略的重要性放在抵抗外国的军事侵略之上。郑观应曾指出帝国主义侵略的各种形式，除了军事侵略之外，着重指出其经济侵略和文化侵略。他写道：“洋人之到中华，不远数万里，统计十余国，不外通商、传教两端。通商则渐夺华人之利权，并侵中国之地；传教则侦探华人之情事，欲服华人之心，阳托修和，阴存觊觎。”② “彼之谋我，噬膏血非噬皮毛，攻资财不攻兵阵……迨至精华销竭，已成枯腊，则举之如发蒙耳！故兵之并吞，祸人易觉；商之掊克，敝国无形。我之商务一日不兴，则彼之贪谋亦一日不辍。纵令猛将如云，舟师林立，而彼族谈笑而来，

---

① 马建忠：《适可斋记言》卷一，《富民说》。

② 郑观应：《盛世危言》卷二，《传教》。

鼓舞而去，称心餍欲，孰得而谁何之哉！”思想家们认识到中外通商是帝国主义侵略的一种形式，并且认识到这种经济侵略的祸害是极为严重的，所以振臂高呼：“吾故得以一言断之曰：习兵战不如习商战。”① 这种以发展对外贸易为中心的重商思想正包含着抵抗外国经济侵略的积极意义，是爱国的主张。而且，他们对中国经济发展的前途很有信心，认为中国学习西方，必能超过西方，“转而相师，用因为革，舍短从长，以我之地大物博、人多财广，驾而上之，犹反手耳”。

启蒙思想家的重商思想，以发展对外贸易为中心，但并非仅仅停留在这一点上。为了发展对外贸易，就必须建立机器工业，发展生产；就必须提倡科学技术，奖励创造发明；就必须改革教育制度，培养人才；就必须发展交通运输，修筑铁路；就必须减轻商税，体恤商艰，实行保护工商业的政策。所以，启蒙思想家所说的“商”，有时候只指商业流通领域，有时候则泛指除农业以外的一切国民经济领域。他们认为商业是整个国民经济的枢纽，但并不否认工业生产的重要性。在他们看来，商业是发展工业生产的前提与基础，而工业又是发展商业的条件与保证，两者相互依赖。郑观应说：“若有商无工，纵令地不爱宝，十八省物产日丰，徒弃己利以资彼用而已。”② 也就是说，工业不发展，自己的丰富资源就只能成为帝国主义列强的掠夺对象。因此，他们提出要“以工翼商”（郑观应语），“工实居商之先”（薛福成语），以及“商之本在农，商之源在矿，商之体用在工”（陈炽语），等等。他们无不主张购买和仿造外国机器，设厂开矿、建筑铁路，百废俱举，在中国立即开展大规模的经济建设。这些思想家对于经济和政治的关系，以及国民经济各部门之间的相互关系当然还缺乏透彻的了解，但他们正在摸索前进，他们的思想正在从狭隘的经验中解脱出来，他们已经领悟到政治对经济的反作用，因而开始鼓吹议会政治，并且对经济规律的认识也日益深化，注意力从流通领域日益转向生产领域。1900 年，郑观应在《盛

①② 郑观应：《盛世危言》卷三，《商战》。

世危言》的增订版中已这样说："西人之富，在工不在商，盖商者运已成之货，工者造未成之货，粗者使精，贱者使贵，朽废者使有用。有工艺然后有货物，有货物然后有商贾耳。"① 看来在19世纪之末，思想家们已经走出了重商主义的狭窄胡同。

启蒙思想家"重商"思想的另一特点是，重视国家政权对经济的干涉和保护。他们希望政府减轻商税，奖励制造贸易，发放贷款，保护工商。陈炽建议："宜仿泰西各国，增设商部，管以大臣，并立商律、商情、商平、商税四司，分任其事。"② 薛福成建议："如西洋各国有商尚书，以综核贸易之盈亏，又有商务委员以稽查工作之良窳。"③ 郑观应建议：在六部之外，特设商部，重要城市设立商务局，各地设商务公所，其任务是研究种植、制造、贩运、销售，"重订税则，厘正捐章"，"凡有所求，力为保护"，以及讲授商学，研究商情，刊印商报，等等。他们希望封建政府帮助发展资本主义经济。这种想法是可以理解的。当时社会上封建的经济和政治势力占着绝对优势，幼弱的资本主义经济依靠自身的力量是无法生存和发展的，它离开了政权的荫庇简直寸步难行，这是产生资产阶级启蒙思想家指望由封建政权来促进经济发展的幻想的客观基础。思想家们的全部言论和主张都是讲给封建统治者听的，都是为了开导、感化顽固的统治者，使他们信服和执行进步的政策。

对封建统治者来说，为了巩固自己的统治，可以在一定程度上容纳某些"有益无害"的资本主义新事物。一部分封建官僚转化成洋务派，对轮船、铁路、工厂、矿山表现出很大的兴趣。这种情形更加强了启蒙思想家们希望政权来干预经济的幻想。某些思想家本人就是洋务派官僚的入幕之宾，参与制定和执行经济政策，创办企业，从事洋务运动。但是从根本上说，当时的封建政权不可能促进社会经济的发展，而只会阻碍这种发展：呼吁多年的废除厘金制度的要求没有实现，反而苛捐杂税，变本加厉；改订关税受到帝国主

---

① 郑观应：《盛世危言》卷八，《技艺附论》。

② 陈炽：《庸书·外篇》卷上，《商部》。

③ 薛福成：《出使日记续刻》卷五，光绪十八年闰六月初二十七日。

义的反对，清政府不敢也无权实施；设立商部、颁布商律、体恤商情的建议石沉大海，并无反响；政府的微薄贷款被洋务派官僚把持，成为某些企业的专利，一般企业不能问津；洋务派开办的企业，取得对某个经济部门的垄断特权，窒息了经济的进一步发展，而那些企业本身又被洋务派官僚一手控制，成为他们营私舞弊、发财致富的工具。无数事实证明，现存政权与资本主义经济扞格不入。这里，一方面，资本主义经济亟待政权的扶植，没有这种扶植，经济的发展，甚至一个企业的创办都显得非常艰难；另一方面，恰恰是政权的干预成了经济发展的绊脚石，政府的专横干预堵塞了经济进一步发展的通道。这个客观的矛盾造成了启蒙思想家经济思想中的极大混乱，他们政权干预经济的观点包含着种种自相矛盾的说法，前后极不一致。

许多启蒙思想家都发表过赞成官办和官督商办企业的言论。如王韬说："近日所有开矿公司，弊窦丛滋，请皆一切罢之，而悉由国家发出帑金，自行开掘，责以成效。但使总办得人，纲举目张，所出必有可观。"① 又说："最要者莫如官商相为表里，其名虽归商办，其实则官为之维持保护。"② 郑观应说："开矿之事，似宜商办而官为护持"③，"全恃官办则巨费难筹，兼集商资则众擎易举。然全归商办，则土棍或致阻挠，兼倚官威则吏役又多需索。必官督商办，各有责成……则上下相维，二弊俱去"④。陈炽说："商办非，官办亦非也。然则奈何？曰：考之于古则增设矿人，参之于今则官督商办。"⑤ 他们都赞美官督商办，以为这是发展中国经济的良好形式。他们的思想指明了事情的一个方面，即在中国近代工业产生的初期，单纯依靠商人个人的努力，是很难使企业创办和发展起来的，在这里需要得到政权的参与和保护。启蒙思想家的这种想法，反映了经济生活的客观实际，表现了对封建统治阶级的期望和幻想。

---

① 王韬：《弢园尺牍续钞·拟上当事书》。
② 王韬：《弢园文录外编》卷十，《代上广州府冯太守书》。
③ 郑观应：《盛世危言》卷六，《船政》。
④ 郑观应：《盛世危言》卷四，《开矿》。
⑤ 陈炽：《庸书·外篇》卷上，《矿人》。

但是，这些启蒙思想家在另外的或稍后的场合却完全改变了论调，成为官办和官督商办企业的坚决反对者。王韬说："若开掘煤铁五金诸矿，皆许民间自立公司，视其所出繁旺与否，计分征抽，而不使官吏得掣其肘。"① 郑观应在长期参与官办、官督商办企业管理之后，痛心疾首地宣称："我国创一厂、设一局，动称官办。既有督，又有总，更有会办、提调诸名目，岁用正款以数百万计。其中浮支冒领、供挥霍者不少，肥私橐者尤多……今欲扩充商务，当力矫其弊，不用官办而用商办。"② 郑观应甚至说："名为保商实剥商，官督商办势如虎。"③ 他们这种激烈地反对官办、官督商办的思想，指明了事情的另一个方面，即官与商在企业中的尖锐矛盾，清朝政权压制、排挤资本主义的本质。在封建政权的干预下，资本主义不可能长久地发展、成长。启蒙思想家的这种想法，也反映了经济生活的客观实际，他们对封建统治阶级的期望趋于幻灭。

启蒙思想家时而这样主张，时而那样主张，这种思想矛盾反映了客观历史的矛盾，这只有在历史的进一步发展中才能得到解决。到中日甲午战争前后，资本主义有了初步的发展，社会风气有了某些改变，发展经济成为社会普遍的、迫切的要求，资本家创业的客观环境略有改善，办企业的条件逐渐成熟，私人企业成批涌现。而那些官办、官督商办的企业却呈现奄奄一息的状态。事实证明，企业离开封建政权的干预，能够存在、自立，而且更有生气。在这时，先进思想家才能从政权干预经济的陈旧思想中解脱出来。甲午战争后，何启说过这样一段话："不问何事，一闻官督，则商民必不敢办。""今铁路之议，其名曰官督商办，是民之事而主之以官也，是于不宜合谋者而使之合谋也。不宜合而合之，虽在君民最洽之邦，且当绝无疑忌之日，亦戛戛乎其难。"④ 后来，梁启超更明确地宣称："中国商务之不兴，虽谓李鸿章官督商办主义为之厉阶可也。"⑤

---

① 王韬：《弢园文录外编》卷一，《重民中》。

② 郑观应：《盛世危言》卷八，《纺织》。

③ 郑观应：《罗浮偫鹤山人诗草》卷二。

④ 何启、胡礼垣：《新政真诠三编·新政始基》。

⑤ 梁启超：《李鸿章》。

先进的思想家们从失败中吸取了教训，认识到官（封建政权）和民（资本家）的本质不同，难以在经济上进行合作。于是，他们不但抛弃了要求政权直接干预经济的主张，而且强烈要求封建政权退出各种企业，甚至要求把一直被封建政权所垄断的军事工业也交给商人来办。“让商人们放手干罢！不要有丝毫的拘束”，这是甲午战争以后带有自由主义色彩的经济格言。思想家们把发展经济的希望，从依靠国家干预转向依靠资产阶级自身，依靠这个阶级的成长和团结。当时思想界关于组织股份公司、成立商会的热烈讨论，正是在这个背景下产生的。资产阶级改良主义者的经济思想，随着中国资本主义的发展和资产阶级的成长而在一步一步地前进。

七

戊戌维新运动是中国历史上一次巨大的思想解放运动。这种思想解放的潮流有其来龙去脉。它对其后20世纪的政治斗争和文化思想发生了深刻的影响。这一思潮从鸦片战争时少数的先进知识分子向西方学习开始，他们探讨救国的真理，提出各种主张，人数还不多，影响也不大，但不久以后迅速地发展起来，涓涓细流，汇成江河，到戊戌变法前夕，已具有相当的规模和声势。戊戌时代的思想解放是这一思潮的继续和发展。

戊戌变法以前的启蒙思想家具有以下一些特点：

第一，启蒙思想家鼓吹变法以适应正在急剧变化的客观形势，主张学习西方资本主义文明以抵御资本主义的侵略。如何启说：“当今之世而不变今之法……亦无以决疑征信，大得于民。”① 郑观应在早年著作《易言》中说：“由今之道，变今之俗，宜览往古，法自然，诹远情，师长技，攻其所短，而夺其所恃。”② 这些主张和林则徐、魏源的主张一脉相承。此外，如王韬说：“孔子而处于今日亦不

① 何启、胡礼垣：《新政真诠初编·曾论书后》。

② 郑观应：《易言·自序》。

得不一变。”[①] 陈炽说：“惟兼采东西法而后古今之变局不能挠。”[②] 还有陈虬说：“时变矣，而犹欲袭先业而守旧教，恭己无为，坐致治平，是犹持方枘而周圆凿，其不得适也必矣。”[③] 这些启蒙思想家都是西方文明的追求者，是积极的改革派，他们反对封建顽固派抱残守缺、泥古不化的保守思想。

第二，启蒙思想家的变法主张和御侮图强的目的结合在一起，具有强烈的爱国主义性质。例如，郑观应虽是买办出身，但却很有爱国思想，他的早期著作《易言》就是在第二次鸦片战争的刺激下发愤而作的，即所谓“庚申之变，目击时艰，凡属臣民，无不眦裂”[④]。中法战争时，他奔走于西贡、新加坡、槟榔屿，冒暑历险，访察形势，侦探敌情，图谋抗法。中法战争后，李鸿章签订丧权辱国的条约，郑观应气愤地写诗讥讽投降主义导致的外交和军事上的失败。诗中有云：“堪叹羁縻先议款，那知边牧又扬尘”；“魏绛和戎原下策，杜陵诸将鸣不平”；“三军指顾沉波国，廿载经营付海宫”[⑤]。中日甲午战争时，郑观应主张抵抗，提出战、守、备三策，他说：“呜呼！居今日而为北洋筹万全之策，盖亦戛戛乎难言矣！门户残破，海军摧败，敌已浸浸入我堂奥。譬之千金孤注，成败在此一举，于万难下着之棋而勉为借箸之谋，则犹有战、守、备三策。”当清政府酝酿和谈投降时，他竭力反对。他说，如果赔款割地，苟安旦夕，“从此文官保全禄位，武将保全身家，不敢谓非国家保全太和之盛德，第恐如此委曲求和，苟且急就，书之国史，实为中国万世之羞”[⑥]。面对强敌环伺、国家危急的形势，郑观应主张“防外侮更重于防内患”[⑦]。这和封建统治阶级“攘外必先安内”的一贯政策

---

① 王韬：《弢园文录外编》卷一，《变法上》。

② 陈炽：《庸书·外篇》卷上，《西法》。

③ 陈虬：《治平通议·序》。

④ 郑观应：《易言·自序》。

⑤ 郑观应：《次彭宫保师海南军次秋兴二十四章原韵》，《罗浮偫鹤山人诗草》。

⑥ 《郑观应致盛宣怀条陈中日战争》，“盛宣怀档案资料”，光绪二十年十二月十八日。

⑦ 郑观应：《盛世危言》卷五，《民团附论》。

是不同的。可见郑观应确实是一位爱国的先进思想家。其他人的情况也相似，如王韬在中法战争时力主抵抗，反对妥协，他说："我国讲求武备，整顿边防，仿效西法，已二十余年矣！非出于一战，则果可用与否，末由见之。今者薄海臣民，忠义奋发，设非一战，则何以作士气？何以振人心？何以兴人才？一战不胜则再战，再战不胜则三战，但持之以坚忍不拔之志，则豪杰之士，必闻风兴起。岂独制法人而已哉，将见欧洲诸雄国胥畏之矣！"①

第三，当时的启蒙思想家虽然力主改革，但只主张渐变，不主张突变，因此他们被称为"改良主义者"。如王韬说："天时有寒暑而不能骤更，火炭有冷暖而不能立异，则变亦非一时之所能也，要之在人而已矣！尽人事以听天心，则请决之以百年。"他们都希望说服统治者采纳自己的方案，实行自上而下的改革。王韬说："移风易俗之权，操之自上，而与民渐渍于无形，转移于不觉。"② 陈炽说："天下之治乱安危，定于人主之意向而已矣。"③ 他们寄希望于最高统治者，而不相信人民群众的力量。

应该说，在中日甲午战争以前，启蒙思想家的变法主张已经相当全面、细致和具体，包罗甚广。大体上，戊戌变法时期的新政措施也没有大大地超出他们所提到的范围。早期的思想家为戊戌维新运动做了重要准备，这是他们的历史功绩。

但是，早期的启蒙思想家和戊戌变法时期的维新派比较起来，在理论上和实践上有所不同，表现出时代的局限性。

从理论上说，早期启蒙思想家的变法方案几乎都是各种具体措施的简单拼凑，缺少坚实的历史论证和系统的理论阐发。这些启蒙思想家过分注意当时的具体问题，忙忙碌碌地设计应急措施，对理论极为冷淡。他们既没有系统地介绍西方的哲学和各种社会学说，也不大理睬中国传统的儒家学说。也许他们认为这些抽象的理论、学说和当时实际距离较远，不能立竿见影地解决具体问题。他们满

---

① 王韬：《弢园尺牍续钞·与伍秩庸观察》。

② 王韬：《弢园文录外编》卷一，《变法上》。

③ 陈炽：《庸书·自序》。

足于经验范围内的知识，在思想史上他们可以算作一群站在洼地上的矮子。正因为这一点，他们在宣传变法和反对顽固派的斗争中就显得论据不足，并且和洋务派也划不清界限。他们大多也打着“中学为体，西学为用”的旗子，宣称自己的变法主张不是要改变封建制度的根本，而是为了保卫它。如薛福成说：“今诚取西人器数之学，以卫吾尧、舜、禹、汤、文、武、周、孔之道，俾西人不敢蔑视中华……是乃所谓用夏变夷者也。”① 郑观应也说过：“中学其本也，西学其末也。主以中学，辅以西学，知其缓急，审其变通，操纵刚柔，洞达政体，教学之效，其在兹乎！”② 甚至他们中间还普遍地流行着一种奇怪的议论，说西方国家的科学技术、舟车枪炮以至政治、法律、数学、天文都是中国古代圣人的发明创造，自从秦始皇焚书坑儒以后，这些东西在中国都失传了，反而在西方国家得到流传和发展，因此西方资本主义文明都是中国古圣先贤的遗产。这种资本主义文明源出于中国的奇谈怪论，在当时的知识界很有市场。郑观应说：“星气之占，始于臾区；勾股之学，始于隶首；地图之学，始于髀盖；九章之术，始于《周礼》。不仅此也，浑天之制，昉于玑衡，则测量有自来矣。公输子削木人为御，墨翟刻木鸢而飞，武侯作木牛流马，则机器有自来矣。秋官象胥，郑注译官，则翻译有自来矣。阳燧取明火于日，方诸取明水于月，则格物有自来矣。”③ 甚至连西方的议会制度，也是“颇与三代法度相符”。薛福成也说：“《墨子》一书，导西学之先者甚多。”④ 又说西方的议院和股份公司与《淮南子》《管子》中的宗旨相合。既然中国是西学的老祖宗，那么，礼失求诸野，向西方学习，恢复古圣先贤的发明创造，自然是顺理成章、不容反对的了。启蒙思想家们振振有词地说：“以中国本有之学，还之于中国，是犹取之外厩，纳之内厩。尚鳃鳃焉请西人之学，中国所未有，乃必归美于西人。西人能读中国书者，

---

①　薛福成：《筹洋刍议·变法》。

②③　郑观应：《盛世危言·初编》卷一，《西学》。

④　薛福成：《出使英法义比四国日记》卷五，光绪十六年十月下旬各条。

不将揶揄之乎?”① “知彼物之本属乎我，则毋庸显立异同，知西洋之本出乎中，则无俟概行拒绝。”② 早期的启蒙思想家就是用这种肤浅而牵强的办法，在封建主义的古老传统中为自己学习西方和进行改革的主张寻找合法根据，以打破顽固派的反对，减少前进的阻力，正像马克思所说的：“一切已死的先辈们的传统，像梦魇一样纠缠着活人的头脑。当人们好像只是在忙于改造自己和周围的事物并创造前所未闻的事物时，恰好在这种革命危机时代，他们战战兢兢地请出亡灵来给他们以帮助，借用它们的名字、战斗口号和衣服，以便穿着这种久受崇敬的服装，用这种借来的语言，演出世界历史的新场面。”③

理论方面的局限，带来了实践活动方面的局限。既然一切改革仅仅是为了恢复古已有之的旧东西，既然统治阶级中的个别大人物可以成为力挽狂澜的改革者，那么，这场改革也就被误认为是轻而易举，无须经过残酷斗争的了。早期的启蒙思想家只限于著书立说，向统治阶级献策进言，而缺乏积极主动的政治行动，不关心促成改革胜利所必需的各项条件。他们既没有动员群众的理论和纲领，也没有实现变法的组织手段和斗争手段。他们是一些“纯粹”的思想家，而且是困在狭隘经验知识范围内的思想家。

社会在迅速前进，变法维新成了当时的行动课题。早期启蒙思想家的主张已不能满足形势的需要，历史要求克服他们的局限性，要求人们积极行动起来，并给变法维新运动以理论的说明以及采取适当的组织手段和宣传手段。这个任务落在康有为等一批维新变法的思想家身上。

关于康有为等的理论和政治活动，我们不做详细论述了。在这里只提出这样一点：康有为很早就开始活动，但是，他所走的道路和早期启蒙思想家有所不同。他早年未去外国，也不懂西方的语言文字，他接受西方知识完全是靠翻译过来的书籍，是通过一条间接

① 郑观应：《盛世危言初编》卷一，《西学》。

② 陈炽：《庸书·内篇》卷上，《自强》。

③ 《马克思恩格斯全集》，中文1版，第8卷，121页，北京，人民出版社，1961。

的途径。因此，他对西方资本主义的了解是肤浅的、很不完整的，他的西方知识还不如他的之前的某些思想家。但是，这一点并不妨碍康有为把变法维新思想推进到新的高度，并使自己成为向西方学习的杰出代表。一方面，他更多地致力于学术和理论领域，为变法运动寻找理论和历史的根据；另一方面，他又使变法思想在中下层知识分子中广泛传播，扩大了实行变法的社会基础。康有为早年习程朱理学，淹贯经史，学识渊博。其后皈依今文学派，承接龚自珍、魏源一脉，并遍观西方书籍和佛学书籍，超越了早期启蒙思想家狭隘的经验知识范围。1884 年，康有为著《人类公理》一书，包含了大同理想的萌芽，为变法运动提出了远大的前景。1888 年，康有为第一次上书，主张变法，开布衣上书的先例。其后，讲学于万木草堂，团聚和培养了变法的骨干，又先后写成《新学伪经考》《孔子改制考》，为变法维新做了理论上的准备。康有为的理论和实践正是继承了早期启蒙思想家的事业，在一定程度上克服了先辈的局限性，大力地推动了戊戌变法运动的到来。

戊戌时代的思想解放*

一

每一个剧烈变动的历史时代，都有那个时代的“思想解放”运动。中国在春秋战国之际，面临着奴隶制度的崩溃和封建制度的诞生，封建阶级的代言人感受到了时代脉搏的跳动，对一切旧传统进行猛烈的批判，他们著书立说，相互诘难，相互辩论，形成了学术思想界百家争鸣、欣欣向荣的新气象。这是封建阶级从奴隶制传统观念中解放出来的一次大运动。14—16 世纪的西欧，正处在资本主义的发生发展阶段，当时以意大利为中心掀起了一场文艺复兴运动，出现了一大批欢呼新时代的思想家，在哲学、宗教、文学、艺术等各个领域内开始竖起人文主义的进步旗帜。这是西欧新兴资产阶级从中世纪独断主义中解放出来的一次大运动。历史上的这种思想解放运动都是时代的产物，都是当时社会所包含的根本矛盾的产物，历史发展到特定的时期，新的生产力和旧的生产关系之间的矛盾，新的经济基础和旧的上层建筑之间的矛盾开始激化、尖锐。生活给人们提出了解决矛盾、促进社会发展的任务，进步的思想家们站在新生事物方面解释这些矛盾，提出解决方案，阐明发展前途。新时代的思想家们，好像是战斗准备时的号角，他们以敢想、敢说、敢做的精神抨击过去，歌颂未来，横扫前进道路上的许多旧传统、旧观念，动员并号召人们投入战斗。在历史上，差不多每一次经济和政治变革的同时都会相应地出现一次思想解放，而思想解放反过来又成为经济和政治变革的推动力。

---

* 原载《历史研究》，1958 年第 9 期。

1898 年，中国出现了一次资产阶级的思想解放运动，这就是戊戌时代维新派和守旧派的斗争。这次思想解放运动也是适应当代生活的要求而出现的。当时动荡的时代给人们提出了两个大问题。一个是经济生活中资本主义因素的产生和初步发展，资本主义经济的发展要求摆脱旧的束缚，要求帝国主义和封建主义给自己让道。另一个是自从鸦片战争以后形成的民族危机，特别到中日甲午战争以后，出现了帝国主义瓜分中国的形势，中国人民要求抵抗外来侵略，挽救民族、国家的危亡。现实生活提出的这两个大问题，摆在每一个阶级、每一个人的面前，迫使人们表明自己的态度，提出自己的看法。

当时以慈禧太后为首的地主官僚中的顽固派是“正统”的当权派，他们对新事物一概采取敌视和压制的态度，把机器技术看作“奇技淫巧”“雕虫小技”，把提倡工商业叫作“本末倒置”“上下交征”，把西方的政治制度、文化制度斥为“邪说诐行”“离经叛道”。他们在几千年的封建老铺子里佩戴上一副有色眼镜，东望望，西瞧瞧，愈是新鲜的、生气勃勃的事物，他们愈是觉得灰溜溜地可憎可厌。在鸦片战争以后的几十年里，他们虽然也吃了西方资本主义国家的一点苦头，但是他们不可能从中吸取适当的教训，他们大言不惭地声称：西方国家有轮船、枪炮、机器，中国则有纲常、礼义、诗书；轮船、枪炮、机器不过是“形而下”的小器，而纲常、礼义、诗书却是“为天地立心，为生民立命”的大道。大道是超过小器的，因此中国的封建主义当然也就一定会战胜西方的资本主义。这班冬烘先生成天在“以拙制巧”“用夏制夷”的昏梦中过日子，但是当外国侵略战争真正临头的时候，顽固派每一次都是最彻底的投降派，因为他们在抵抗外国侵略方面其实是一筹莫展、毫无所能的。

另一个统治集团是地主、官僚、买办的洋务派，这一派以李鸿章、张之洞为代表。他们在根本的政治立场上与顽固派并无分歧，但是这个派别较多地依附于外国资本主义势力，他们对西方的“船坚炮利”推崇备至。为了适应资本主义侵略者的要求，他们主张对封建制度做一些调整。李鸿章说当前的局面是“千年来一大变局”，

“处今时势，外须和戎，内须变法”。他主张“变法”与“和戎”并行，其实际内容就是：要求封建顽固派放下虚骄自大的架子，向侵略者屈服，并从侵略者那里找到支持力量，来维护其腐朽的统治。所以，梁启超批评李鸿章“其于西国所以富强之原，茫乎未有闻焉，以为吾中国之政教、文物、风俗，无一不优于他国，所不及者惟枪耳、炮耳、铁路耳、机器耳，吾但学此而洋务之能事毕矣”①。

随着中国资本主义的初步发展，在中国社会出现了一批具有资本主义思想的爱国知识分子，这就是戊戌时代的维新派。维新派代表着中国新兴资产阶级的利益。一方面，新兴资产阶级和封建主义、帝国主义有非常密切的联系，他们的力量十分薄弱，开办企业的时候要依靠反动势力的庇护和支持，因此他们不敢正面冲撞反动派，不敢与之展开彻底的斗争；另一方面，他们背负着帝国主义和封建主义这两座大山的沉重压力，只能够伛偻前行，不可能挺起胸膛，迈步前进，因此对反动势力的钳制深感不满。维新派就是这一新兴阶级的代言人。维新派思想有不少落后的、软弱的方面，这种落后和软弱的方面是他们的历史地位、阶级地位所带来的，但是他们要求发展资本主义，挽救被瓜分的危机，在一定程度上主张民主自由和民族独立，要求从封建阶级的旧思想中解放出来。维新志士为着自己的抱负，同反动派进行了较量，抛头颅，洒热血，在所不惜。在当时中国满天封建主义的阴云下，维新派的思想和活动是进步的，维新志士们在中国历史上写下了资产阶级启蒙运动的一章。

维新思想的萌芽可以追溯到 1840 年鸦片战争以后，当时，一批先进的知识分子，从魏源、冯桂芬，到薛福成、马建忠，他们为了挽救中国的危机，曾经介绍了不少西方的知识。但是，维新思想真正掀起一个政治运动，却以 1895 年康有为领导的“公车上书”为起点。当时，正是甲午战争失败后清政府在跟日本侵略者谈判投降条件的时候，爱国的人民不甘屈服，在全国范围内掀起了反投降的热潮，康有为集合了在北京会试的 1 300 余名举人，发起了一个上书运

① 梁启超：《李鸿章》。

动，提出拒签和约、迁都抗战、变法图强三项主张，以拒和作为目的，以变法作为手段。维新派的“变法”与洋务派的“变法”显然是本质上不同的两件事情，一个是投降主义的变法，一个是反对投降主义的变法，这样就使得维新派思想和洋务派思想在最根本的问题上站到了对立的立场上。“公车上书”虽然没有也不可能制止封建阶级的投降活动，但从此以后，维新变法的政治运动和思想运动日益发展。在政治战线上，维新派和守旧派爆发了一场争夺政权的斗争。在思想战线上，新学与旧学、学堂与科举、西学与中学也展开了争夺地盘的激烈斗争。一些先进的思想家，举着“维新、变法”的大旗，向封建制度展开了进攻。由于力量对比悬殊，维新派没有能够取胜，他们在政治上被反动派打得丢盔卸甲，在思想上也偃旗息鼓、阵脚大乱。戊戌时代的政治改良和思想解放运动如同昙花一现，并没有结出累累硕果。但是，它仍有重大的意义，人们久处在封建闭塞的发霉气氛中，忽然从那里吹过来一股新鲜的空气，麻木不仁的头脑开始清醒过来，僵硬的四肢逐渐动弹起来。专制独断的君权思想、昏人神智的八股文章，以及桎梏性情的纲常伦理，这一切曾经是封建阶级麻醉和统治人民的武器，现在这些武器也长起了斑斑锈痕。人民不仅从戊戌政治运动中认清了反动派的凶恶面目，而且从戊戌思想运动中获得了精神解放的力量，把反帝反封建的斗争向前推进，这样就使得中国的政治局面很快地从改良主义阶段迈进资产阶级革命阶段。

二

戊戌时代思想解放的内容是紧密地和政治斗争相结合的。当时新兴资产阶级主要的政治任务是挤进统治机构，分享政权。为了达到这个目的，维新派提出“兴民权”、“开议院”和“君主立宪”等主张，这些主张都是帮助资产阶级分享政权的手段。在世界历史上，资产阶级取得或分享政权的形式不外乎有两种：或者是利用人民群众的力量，彻底摧毁封建制度，建立起民主共和国的资产阶级专政（如1789年的法国资产阶级革命那样）；或者是由于资产阶级软弱，不能够也不敢于进行彻底的斗争，反而跟封建主握手言欢，沆瀣一气，建立起君主立宪的地主、资产阶级的联合统治（如德国1848年的革命和日本1868年的“明治维新”那样）。每个国家究竟实现哪一种形式，要看当时阶级力量的对比关系。戊戌时代的中国，新兴资产阶级是十分软弱的，没有进行资产阶级革命的力量和勇气，因此，他们从西方的政治模型中选取了“君主立宪”作为蓝本，他们高唱“民权”“议院”“宪法”等主张，其目的无非是要求封建阶级给自己让渡部分权力。但是，即使是这种并不能触动封建基础的改良主义要求，也遭到顽固守旧的统治阶级的拼命反对。守旧派从封建社会绝对的专制君权观念出发，驳斥维新派学说：“民有权，上无权矣”①，“使民权之说一倡，愚民必喜，乱民必作，纪纲不行，大乱四起”②，所以“议院必不可设，君权必不可下移”③。他们直截了当地拒绝了任何分享政权的企图。

为了打通进入政权的道路，推进变法运动，就必须要对作为封建制度有力支持的专制君权观念进行批判，从理论上阐明资产阶级议会政治的合理性。资产阶级维新派像法国大革命前的思想家卢梭一样，论证了国家和君主的起源，提出了君民关系的新观念。维新派的急先锋谭嗣同说：

> 生民之初，本无所谓君臣，则皆民也。民不能相治，亦不暇治，于是共举一民为君。夫曰共举之，则非君择民，而民择君也。夫曰共举之，则其分际又非甚远于民，而不下侪于民也。夫曰共举之，则因有民而后有君；君末也，民本也，天下无有因末而累及本者，亦岂可因君而累及民哉？夫曰共举之，则必可共废之。君也者，为民办事者也；臣也者，助办民事者也。赋税之取于民，所以为办民事之资也。如此而事犹不办，事不

---

① 《翼教丛编》卷五。
② 张之洞：《劝学篇内篇·正权》。
③ 《变法首先防弊论》，载《申报》，光绪二十四年九月二十五日。

办而易其人，亦天下之通义也。[1]

按照谭嗣同的这种说法，原来巍巍在上发号施令的“天子”不过是老百姓“共举”出来的，并不是什么应天承运的权威，而且君主办不好事情，还可以“共废之”。这样一来，几千年相传的君权神授观念一下子就被戳穿了。而且，维新派还进一步说，君主的存在是暂时的、有条件的，人们之所以“共举”君主，那是由于人类社会还停留在较低级的阶段，“有其相欺，有其相夺，有其强梗，有其患害，而民既为是粟米麻丝、作器皿、通货财与凡相生相养之事矣，今又使之操其刑焉以锄，主其斗斛权衡焉以信，造为城郭甲兵焉以守，则其势不能，于是通功易事，择其公且贤者，立而为之君”[2]。所以，君权的产生并不是由于什么不可捉摸的“天命”，而不过是人类蒙昧时代的一种社会分工，随着社会的进步，君权应该愈来愈削弱而逐渐趋于灭亡。正是基于这种看法，维新派提出所谓“张三世”的说法，就是“多君为政之世”（据乱世）必然要让位给“一君为政之世”（升平世），而“一君为政之世”又必然要让位给“民为政之世”（太平世）。历史的进化将会使君主制度永归消灭，到了理想的大同世界，那就“人人平等，无有臣妾奴隶，无有君主统领”[3]。

维新派的这种解释并没有真正科学地阐明君主制度的产生和发展，因为他们完全缺乏阶级的分析。但是，他们历史地批判了传统的君权神授观念，把君主制度的产生、发展还原为简单的人与人的关系，使专制君权思想发生根本动摇，这在当时不能不说是一种大胆新颖的见解。而且，维新派对君主制度的抨击并不仅仅停留在理论概念上，他们更进一步对中国几千年来专制君权制度下的悲惨现实做了淋漓尽致的描写。在这方面，谭嗣同是最激烈的一个，他历数了自秦始皇以来的专制暴政，一概否定了封建社会的政治和学术，认为“二千年来之政，秦政也，皆大盗也；二千年来之学，荀学也，

---

① 谭嗣同：《仁学》。

② 严复：《辟韩》。

③ 康有为：《大同书》。

皆乡愿也。惟大盗利用乡愿，惟乡愿工媚大盗”①。他直斥清朝统治者“秽壤”“膻种”“禽心”“毳俗”，“如此黑暗地狱，直无一法一政足备记录，徒滋人愤懑而已”②，甚至他还表示愿意加入起义农民的行列，所谓“志士仁人求为陈涉、杨玄感，以供圣人之驱除，死无憾焉”③。这种由民主主义思想和民族主义感情所交织而成的灿烂篇章，不仅使其他同时代改良主义者的作品黯然失色，而且在整个中国思想史上也闪耀着光辉夺目的异彩。

其他维新派人士虽然没有像谭嗣同那样激昂陈词，但是他们几乎都众口一词地指出：专制君主制度的存在是中国贫弱落后的根本原因之一。照维新派看来，在专制主义的高压下，君民之间、官民之间存在着无法解决的矛盾，这种矛盾愈来愈尖锐，以致“民”“屏息潜伏不敢轻议国事以触文法……其民之气既散，益块然干槁，安于醉生梦死”，“外患猝至，乃如摧枯拉朽，莫能御矣”④。资产阶级在对封建主做斗争的时候，总是把自己打扮成全民的代表者，把自己与封建主的矛盾说成全体人民与封建主的矛盾。资产阶级对顽固的守旧派说，这种矛盾的发展必然要弄到亡国灭种的地步，只有实行“立宪”和“议会”，才能“解生民于倒悬之危，置国家于磐石之安”，才能使“君民之间，仍复浃洽，耳目最近，喘息必闻，凡申详反复之繁难，胥吏挟持之弊窦，皆一洗而空之，以故国家无难决之疑，言路无壅蔽之患，内政既清，外侮不作”⑤。总之，维新派在“国家利益”和“全民利益”的盾牌下，竭力想说服统治者，要求他们按照资产阶级的意愿和利益安排政治制度，以便自己能进入统治机构。

在阶级利益的推动下，维新派就这样和专制君主制度展开了战斗，力争从专制君权制度和君权观念的束缚下解放出来。这是一个有很大意义的进步，因为君权神授观念是封建专制制度的一块重要

---

① 谭嗣同：《仁学》。

② 谭嗣同：《致汪康年书》。

③ 谭嗣同：《仁学》。

④ 欧榘甲：《论大地各国变法皆由民起》。

⑤ 赵而霖：《开议院论》。

基石，历代封建主曾经制造了各种荒诞离奇的神话，规定了许多繁文缛节，标榜忠君死节的伦理观念，把专制君权弄得高深莫测，神圣不可侵犯，以至即使是反抗封建制度最坚决的历代农民起义的英雄们也被这个传统观念紧紧地束缚住。农民没有能力识破这个混乱的历史疑团，因此他们在高举武器反对封建君主的时候，也还没有忘记要一个“好皇帝”。维新派在这方面的确跨进了一大步，提出了君民关系的崭新观念，拆穿了几千年来君权神授的全部谎言，尽管维新派并不愿意推翻皇帝，但是仅仅这样一个新观念的提出和传布，在客观上便不能不产生深远的影响。因为人们一旦从君权神授的迷信中解放出来，就有可能继续迈进，走上推翻帝制的革命道路。所以，戊戌时代的这一思想解放为以后许多知识分子的进一步革命化提供了一个出发点。

资产阶级维新派虽然尖锐地抨击了专制君权观念，但是这种抨击并没有超越改良主义的范围。他们在论述“民权”问题的时候，大多小心翼翼，不把民权渲染得“过分”。他们一则说：“及今而弃吾君臣可乎？曰是大不可。何则？其时未至，其俗未成，其民不足以自治也。彼西洋之善国且不能，而况中国乎？”① 再则说：“权者生于智者也，有一分之智，即有一分之权，今日欲伸民权，必以广民智为第一义。”三则说：“欲兴民权，必先兴绅权；欲兴绅权，宜以学会为之起点。”② 在维新派看来，中国人民是愚昧的群氓，毫无自治的能力，必须有一个皇帝来统治，所以推翻帝制是遥远渺茫的理想，不是当前所要采取的行动。当前的重要问题不过是增强“绅权”，让资产阶级分享政权；不过是改革教育，通过教育来解决其他一切政治问题。这样，维新派的眼睛虽然望着前面的目标，可是他们的两脚却不由自主地从侧面滑到了泥塘里，在这里，他们的阶级利益被陈述得何等坦率，他们的软弱性又暴露得何等彻底啊！

---

① 严复：《辟韩》。

② 梁启超：《上陈宝箴议论湖南应办事》。

三

回避斗争，把文化教育问题当作社会的首要问题，这是当时维新派的一个共同谬误，这个谬误的产生正是由于新兴资产阶级力量的软弱：一方面，不敢动用更有力的武器来改变旧制度，不敢过多地开罪顽固统治者；另一方面，在强大的反动势力面前深感自己的力量薄弱，迫切需要培养和团聚起一批肯效忠于资产阶级的人才。正是在这种情况下，推广教育、培养人才的问题在维新派的心目中才显得特别重要。所以，康有为认为，“欲任天下事，开中国之新世界，莫亟于教育”①。何启说：“人者，致治之具，善修其具，则为逸而功多；不善修其具，则为劳而功少……无其具而欲求其治，譬犹渡川而无舟楫，伐木而无斧斤。”② 梁启超说：“变化之本，在育人才；人才之兴，在开学校；学校之立，在变科举。”③ 维新派既然把人才看得如此重要，那么他们究竟是怎样着手培养人才的呢？

显然，封建主义文化教育的老一套是不符合资产阶级要求的。资产阶级势必要另外创立崭新的一套。创新必先除旧，不从传统封建文化的束缚中解放出来，就无法树立资产阶级的教育制度，也就无法培养出资产阶级所需要的人才。所以，戊戌时代形成了一个批判旧文化、旧教育的热潮，特别是科举制度和八股文体几乎成为众矢之的。

科举制度和八股文体是厚古薄今、脱离现实的集中表现，又是废话连篇、言之无物的文字玩弄的典型。它要求知识分子“代孔孟立言，禁不得用秦汉以后之书，不得用秦汉以后之事”④，因此知识分子只能“遨游于三代之上”，不但脱离现实生活，而且对秦汉以后

---

① 梁启超：《康有为传》。

② 何启、胡礼垣：《新政真诠二编·新政论议》。

③ 梁启超：《论变法不知本原之害》。

④ 梁启超：《新政诏书恭跋》。

2 000 多年的典章制度茫无所知。它又要求知识分子只能按照固定的八股格式作文章，甚至连字数都是规定了的，结果只能是拼凑一阵，乱写一通，甚至是只要楷法工正，“则虽一书不读，一事不知，亦可以致高位，持国柄”①。在这种制度下所培养出来的知识分子，只能是愚昧无知、抱残守缺的封建卫道者，只知道拿着几本圣经贤传来反对一切新生事物。所以，维新派竭力反对这种制度，梁启超说：“八股取士，为中国锢蔽文明之一大根源，行之千年，使学者坠聪塞明，不识古今，不识五洲，其弊皆由于此。”严复称，八股有三大害，一是锢智慧，二是坏心术，三是滋游手，“总之，八股取士，使天下消磨岁月于无用之地，堕坏志节于冥昧之中，长人虚骄，昏人神智，上不足以辅国家，下不足以资事蓄”②。类似这种抨击科举和八股的言论，在当时维新派的著作中俯拾皆是。

维新派不仅攻击科举、八股，而且更广泛地批判封建主义教育的各个方面。归纳起来，维新派认为封建主义的文化教育有以下几点弊害：第一是教育不普及，“妇女不得入学，以无才为福……既无女学，则四万万之民去其半矣”，“耕农之贫，工作之贱，乡无义学，阀非贵胄，室无诗书，家乏衣食，于此而欲得读书识字，望若云天，二万万人中若此者殆十而九”③，所以在封建统治下，绝大多数人是目不识丁的文盲。第二是教学方法方面，“但责诵读，不求义解”，违反由浅入深、循序渐进的原则，“童齿未毁而授以平治天下无声无臭之书，之无粗识，或授以佶屈聱牙之奥”④，不但学童对所学内容没有理解，而且大大摧残了儿童身心的正常发展，结果只能培养出一批畸形古怪的酸秀才。第三是教学方针的厚古薄今、脱离现实，所谓“摇头顿足，高吟低咏，惟腐烂文数篇”，“乡里子弟，读书十年，而不能作一书札”，“通人学士，或有问一里之长几许？无能答者”，甚至“一代名臣而不知范仲淹为何人，曾入翰林而问司马迁为

---

① 梁启超：《新政诏书恭跋》。

② 梁启超：《推翻新政》。

③④ 徐勤：《中国除害议》。

何科前辈”①。对于这种教育制度，资产阶级维新派是特别愤慨的，干脆把它叫作“愚民”政策。徐勤说：“覆中国、亡中国必自科举愚民不学始也。”“不学而愚之术，莫若使之不通物理，不通掌故，不通古今，不知时务，聚百万瞽者跛者而鞭笞指挥之。”② 维新派对封建文化教育的这种批判，尖锐辛辣，鞭辟入里，触及了封建主义文化教育的本质。

在批判旧文化教育的同时，维新派又大力宣扬自己的文化教育主张。他们共同的方针，一是“学以致用”，二是“讲求西学”，一反以往士大夫空谈性理、玩弄辞章、抱残守缺、无裨实际的恶习。维新派对于当时在学术界占统治地位的“宋学”和“汉学”，一般都是抱反对态度的。康有为对宋学的评价是“拘且隘”，对汉学的评价是“碎且乱”③。在国难当头之际，不论是空谈心性的“宋学”，还是琐屑考据的“汉学”，都是使得人们脱离现实、磨损志气的精神鸦片，维新派主张学术应该观照现实、观照生活。谭嗣同说：“凡不依于实事，即不得为儒术，即为坑儒之坑。”④ 这是何等积极的主张！当时现实生活提出了两个重大要求：一个是发展资本主义、争取民主自由的要求，这就是所谓“求富”；另一个是反对外国瓜分、争取民族独立的要求，这就是所谓“求强”。维新派的一切主张都是围绕这两个重大问题提出的，所以他们把自己的学问称为“富强之学”。严复说：“求才、为学二者，皆必有用为宗，而有用之效，征之富强。”⑤ 怎样才能富强？就是向西方学习。维新派特别歆羡日本的“明治维新”，因为“明治维新”就是东方封建国家向西方资本主义国家学习而取得成效的一个例证。康有为给光绪皇帝进呈了一本《日本明治变政考》，他在序言中写道：

> 夫凡有兴作，必有失弊，几经前车之覆，乃得后轨之遒。今我有日本为向导之卒，为测水之竿，为探险之队，为尝药之

①② 徐勤：《中国除害议》。

③ 康有为：《礼运注叙》。

④ 谭嗣同：《报贝元征书》。

⑤ 严复：《救亡决论》。

> 神农，为识途之老马，我尽收其利而去其害，何乐如之？譬如作室，欧美绘型，日本为匠，而我居之也。譬如耕田，欧美觅种灌溉，日本锄艾，而我食之也。……若以中国之广土众民，近采日本，三年而宏规成，五年而条理备，八年而成效举，十年而霸图定矣。

为了学习西方，在文化教育方面相应的措施就是翻译西方书籍，大办学堂、学会和报纸。维新派称译书、学堂、学会、报纸这一套资产阶级文化教育事业是“陈其利害，广其见识，发其神思，开其风气”的唯一工具，也是戊戌变法运动中最重要的措施之一。维新派的改革工作在其他方面的成就并不大，但在文化教育方面的确做了很多有益的事情：传统的八股取士一度被废止而代之以策论；在北京创办了京师大学堂（北京大学的前身），各地也开设了许多普通学堂和专业学堂，资本主义的学校制度开始起来取代封建主义的学塾和书院；社会科学方面的西方名著，像《天演论》、《原富》、《法意》和《名学浅说》被翻译介绍过来，成为当时最有影响的畅销书；各地政治性和学术性的学会如雨后春笋纷纷出现，成为资产阶级团聚力量的组织；还有各种各样的报纸，风发泉涌，百花齐放，或者议论时局，或者高谈政治，或者介绍西学，或者评价人物，在群众中展开了有力的宣传鼓动。这一切都是知识分子从封建传统的文化教育中解放出来的表现，虽然为时不久，变法运动就被顽固派所扼杀，但这种社会风气一开，顽固派费尽心力也不可能遏制了。就像欧榘甲所说：“斯时智慧骤开，如万流潏沸，不可遏抑也。及政变而八股复矣，然不独聪明英锐之士，不屑再腐心焦脑，以问津于此亡国之物，即于高头讲章，舌耕口稿数十年，号为时艺正宗者，亦谓诵之无味，不如多阅报之为愈矣。”[①] 这种风气的改变的确是资产阶级维新派不可泯没的一件功劳。

当然维新派当时还不可能从封建文化教育的羁绊中一下子完全解放出来，在他们身上还保留着极其浓厚的封建色彩。例如，维新

---

① 欧榘甲：《论政变为中国不亡之关系》。

派把几千年传统学术攻击得体无完肤，称“三代下无可读之书”①。但是对于封建学术中最老牌的“孔家店”却不敢有半点冒犯。康有为写了许多著作，把自己的变法主张都托称为孔子的主张，康有为说，孔子的大道几千年来都淹没无光，没有得到很好的发挥，只有自己真正继承和发扬了孔子的微言真传，所谓“天爱群生，赖以不泯，列圣呵护，幸以流传，二千五百年至予小子而鸿宝发见”②。这种说法从顽固派的立场来看是“僭窃圣统，狂妄自大”，从革命派的立场来看却是资产阶级软弱妥协的具体表现。大家都知道，孔子学说是封建文化的集中代表，维新派一面竭力反对封建文化，一面却又拼命抱住孔老夫子做招牌，这显然是一个矛盾。这个矛盾正反映了当时新兴资产阶级既要斗争又怕斗争的特点。有的顽固派就抓住这一点进行反攻。如湖南的顽固派头子叶德辉大骂维新派说：“二十四朝之君主，谓之民贼，而独推崇一孔子，是孔子受历代褒崇为从贼矣。狂吠可恨!”③ 叶德辉是从右的方面来攻击维新派的，可是正由于维新派自己陷在不可摆脱的矛盾之中，所以他们对叶德辉所指责的这一点，只能张口结舌，无言以对。

四

政治观念和文化学术观念方面的斗争，其最终结果必然会转化为更高级的形态，亦即转化为世界观和方法论方面的斗争。顽固派在这场斗争中动员了几千年遗留下来的封建主义陈腐哲学，作为理论上的护符。为了攻击顽固派，资产阶级维新派创造了自己时代的新哲学，从更高的理论原则上论证变法维新的重要性。在这方面贡献最大的就是谭嗣同。

顽固守旧派的命题是“天不变道亦不变”。他们声称，世界上的

---

① 谭嗣同：《仁学》。

② 康有为：《礼运注叙》。

③ 《湖南时务学堂课艺批》。

各种现象虽然是错综复杂的，但是最根本的“天”和“道”总是固定不变的，中国的“道”是圣人创造并留传下来的，是世界上最好的东西，何必去学习外国？只要我们守好固有的“道”，去应付一切复杂现象，就可以措置裕如了。“以不变应万变”，这就是顽固派的态度。像封建社会的三纲五常、诗书礼教，在顽固派看来自然都是应该谨守勿失的“大道”。这种哲学观点拒绝改革、反对变法的反动性是非常明显的。

为了反对这种观点，维新派提出了以下三个反命题。

第一个反命题是“道不离器”。维新派认为，世界上并没有像顽固派所说的脱离具体事物的、空洞的“道”，“道”总是离不开器的，也就是说精神、理性是离不开物质的具体形态的。谭嗣同说：“所谓道，非空言而已！必有所丽而后见……丽于耳目，有视听之道；丽于心思，有仁义智信之道；丽于伦纪，有忠孝友恭之道；丽于礼乐征伐，有治国平天下之道。故道，用也；器，体也。体立而用行，器存而道不亡。自学者不审，误以道为体，道始迷离徜恍，若一幻物，虚悬于空漠无朕之际，而果何物也耶？于人何补，于世何济，得之何益，失之何损耶？”① “道”和“器”的关系是中国哲学史上一直争论不休的大问题，有些哲学家认为“道在器先”，道是第一性的，这就形成唯心主义营垒。另一些哲学家认为“道在器中”，器是第一性的，这就形成唯物主义营垒。谭嗣同的整个哲学体系虽然并未超越唯心主义的范围（例如，他认为构成宇宙万物的“以太”归根到底仍旧是脱离客观实在的抽象），可是当他正面和反动派论敌对阵交锋的时候，在他的哲学论证中却常常不自觉地迸发出唯物主义的光彩，他在论证道和器的关系时就是如此。谭嗣同运用这个唯物主义的命题有力地打击了顽固派，他说：“夫苟辨道之不离乎器，则天下之为器亦大矣。器既变，道安得独不变？”② 这样从唯物主义立场提出的反驳，就使得顽固派“天不变道亦不变”的论据失去了立脚点。

---

①② 谭嗣同：《思纬壹壹台短书》。

资产阶级维新派第二个最有积极战斗意义的反命题是“日新”。所谓“日新”，就是变化和发展的观点，一切都在变化中，一切都在从低级到高级的运动中，这个观点是被维新派所特别强调的。戊戌时代，中国社会正处在从独立的封建社会变成半殖民地半封建社会的时代，变化着的各种现象实在太多了，介绍过来的西方科学成就也实在太新鲜了。时代的变动和科学发展的成果反映到中国当时进步思想家的头脑里，就形成了生动活泼的变化和发展观点。谭嗣同说：“天不新，何以生？地不新，何以运行？日月不新，何以光明？四时不新，何以寒暑发敛之迭更？草木不新，丰缛者歇矣；血气不新，经络者绝矣；以太不新，三界万法皆灭矣。”又说：“昨日之新，至今日而已旧；今日之新，至明日而又已旧。所谓新理新事，必更有新于此者。”① 梁启超说：“凡在天地之间者莫不变，昼夜变而成日，寒暑变而成岁。大地肇起，流质炎炎，热熔冰迁，累变而成地球。海草螺蛤，大木大鸟，飞鱼飞鼍，袋兽脊兽，彼生此灭，更代迭变而成世界。紫血红血，流注体内，呼碳吸氧，刻刻相续，一日千变而成生人。……贡助之法，变为租庸调，租庸调变为两税，两税变为一条鞭。并乘之法变为府兵，府兵变为彍骑，彍骑变为禁军。学校升造之法变为荐辟，荐辟变为九品中正，九品变为科目。上下千岁，无时不变，无事不变，公理有固然，非夫人之为也。”② 处在这样一个万物流变的世界里，就必须适应变动，跟上时代。特别是当时的中国，处在“地球既通、万国争并、瓜分豆剖、大势相迫”的危险环境中，怎么还能死抱住祖宗的陈规遗法，不肯放手呢？维新派经常援用“穷则变，变则通，通则久”之语来开导守旧派。康有为写道：“盖变者，天道也。天不能有昼而无夜，有寒而无暑，天以善变而能久；火山流金，沧海成田，历阳成湖，地以善变而能久；人自童幼而壮老，形体颜色气貌，无一不变，无刻不变。《传》曰‘逝者如斯’。故孔子系‘易’以变易为义。又曰‘时为义大’。时者，寒暑裘葛，后天而奉天时，此先圣大声疾呼，以仁后王者耶？

① 谭嗣同：《仁学》。

② 梁启超：《变法通议·自序》。

泰西之国，一姓累败而累兴，盖善变以应天也。中国一姓不再兴者，不变而逆天也。夫新朝必变前朝之法，与民更始，盖应三百年之运。顺天者兴，兴其变而顺天，非兴其一姓也。逆天者亡，亡其不变而逆天，非亡其一姓也。一姓不自变，人将顺天代变之，而一姓亡矣。一姓能顺天，时时自变，则一姓虽万世存可也。"① 康有为虽然这样"苦口婆心"，无奈言者谆谆而听者藐藐，顽固派并不理会这一套，他们仍旧在梦想使历史开倒车，高唱"今不如古""宁静淡泊""守道不变"，顽固派在历史发展的激流中好像是不知痛痒的木偶一样，除了一套纲常伦理、时文八股之外，对国家盛衰、民族存亡根本是漠不关心。所以，谭嗣同愤慨地质问顽固派：你们这种违拗"日新"、反对"变革"的态度，难道真的能够"窒天之生，扼地之运行，蔽日月之光明，乱四时之迭更"吗？难道真的能够阻挡历史车轮的前进吗？当然，这是绝不可能的。谭嗣同指出：在历史规律面前，"彼（按：指顽固派）之力又何足以云尔哉？毋亦自断其方生之化机，而与于不仁之甚，则终成为极旧极蔽一残朽不灵之废物而已矣！"② 不管你愿意变还是不愿意变，历史总归是要前进的，任何人若企图违抗历史发展的潮流，都势必要成为被历史规律抛弃的可怜虫！梁启超也向顽固派大声疾呼："变者天下之公理也，大地既通，万国蒸蒸，日趋于上，大势相迫，非可阏制。变亦变，不变亦变。变而变者，变之权操诸己，可以保国，可以保种，可以保教。不变而变者，变之权让诸人，束缚之，驰骤之。呜呼！则非吾之所敢言矣！"③ 就是这样，维新派把发展变化的观点和当时的变法运动紧密地结合在一起，使他们的哲学观点具备了丰富的现实材料和重大的战斗意义，也使他们的政治主张在更高的理论原则上得到透彻而有力的阐发。

资产阶级维新派提出的第三个反命题是"仁以通为第一义"。这是谭嗣同《仁学》中开宗明义的一句话。谭嗣同把宇宙的本体叫作

① 康有为：《进呈俄罗斯大彼得变政记·序》。

② 谭嗣同：《仁学》。

③ 梁启超：《论不变法之害》。

“仁”，“仁为天地万物之源”，按照谭嗣同的说法：“仁”是无所不包、无所不在、无所不通的，所谓“遍法界、虚空界、众生界，有至大至精微，无所不胶粘、不贯洽、不筦络，而充满之一物焉。目不得而色，耳不得而声，口鼻不得而臭味，无以名之，名之曰‘以太’。其显于用也，孔谓之‘仁’”[①]。星、地、日、月，为什么能够互相吸引，构成大宇宙？谭嗣同认为这是由于“以太”的作用，是由于“仁之通”。五官、百骸，为什么能够组成人体？也是由于“以太”的作用，也是由于“仁之通”。总之，谭嗣同把一些粗浅的自然科学知识和中国的传统哲学糅合在一起，设想出一个统一的、无限的宇宙观，而统一的基础就是“仁”。

谭嗣同的“仁”虽然离辩证唯物主义的宇宙观还是很遥远的，但它在反对封建主义等级关系和闭塞习气的斗争中却发挥了积极的作用。谭嗣同解释道：“仁”的最大特点就是“通”。“通”有四个意义，即“中外通”、“上下通”、“男女内外通”和“人我通”。封建社会中森严的等级制度使上下隔绝、男女内外隔绝、人我隔绝，显然是和“通”的原则相违背的。而封建主义的“名教”又是这种等级关系在观念上的反映，“名”是讲究封建等级的名分隶属关系，而“仁”是讲究自由平等的关系。所谓“通之象为平等”，“平等者，致一之谓也。一则通矣，通则仁矣”[②]。所以，谭嗣同依据“仁以通为第一义”的原则，对封建名教进行了激烈的声讨，他说：

> 俗学陋行，动言名教，敬若天命而不敢渝，畏若国宪而不敢议。嗟乎！以名为教，则其教已为实之宾，而决非实也。又况名者，由人创造，上以制其下，而不能不奉之，则数千年来，三纲五伦之惨祸烈毒，由是酷焉矣。君以名桎臣，官以名轭民，父以名压子，夫以名困妻，兄弟朋友各挟一名以相抗拒，而仁尚有少存焉者得乎？然而仁之乱于名也，亦其势自然也。中国积以威刑，钳制天下，则不得不广立名，为钳制之器。如曰“仁”，则共名也，君父以责臣子，臣子亦可反之君父，于钳制

①② 谭嗣同：《仁学》。

> 之术不便，故不能不有忠孝廉节等一切分别之名。①

又说：

> 君臣之祸亟，而父子、夫妇之伦遂各以名势相制为当然矣，此皆三纲之名之为害也。名之所在，不惟关其口，使不敢昌言，乃并锢其心，使不敢涉想。愚黔首之术，故莫以繁其名为尚焉。君臣之名，或尚以人合而破之。至于父子之名，则真以为天之所命，卷舌而不敢议。不知天命者，泥于体魄之言也，不见灵魂也。子为天之子，父亦为天之子，父非人所得而袭取也，平等也。……《记》曰："婚姻之礼废，夫妇之道苦。"本非两情相愿，而强合渺不相关之人，絷之终身，以为夫妇，夫果何恃以伸其偏权而相苦哉？实亦三纲之说苦之也。夫既自命为纲，则所以遇其妇者，将不以人类齿。……独夫民贼，固甚乐三纲之名，一切刑律制度皆依此为率，取便己故也。②

从"仁"和"通"的哲学中，谭嗣同演绎出这样激昂慷慨、精彩透彻的议论，真正是唱出了跟封建名教观念势不两立的对台戏。

维新派提出如上所述的三个主要命题来反对顽固派的陈腐哲学。当然，由于历史和阶级条件的限制，资产阶级维新派不可能把自己的哲学思想发展得充分圆满。他们的著作中虽然包含着一些唯物主义因素，但是他们由于软弱，不敢和传统的儒学、佛学宣告决裂，因而并没有成为真正的战斗的无神论和唯物论者。谭嗣同说："仁为天地万物之源，故唯心，故唯识。"③ 康有为也认为沟通天地人我之间者为"不忍之心"④。资产阶级维新派并没有摆脱唯心论哲学体系的羁绊。此外，维新派虽然强调变化、发展的观点，但是他们只承认量变，不承认质变，汪康年说："小水之相会，非欲成大川也，然而成大川之道在此矣。众声之相和，非欲成大响也，然而相和已多，则成大响矣。治水者自流，伐木者披枝，事固有由散而后得整，由

---

①②③　谭嗣同：《仁学》。

④　康有为：《大同书》。

流而后及源者。”① 这种渐变论的观点正是改良主义政治主张的理论根据，也是维新变法运动招致失败的根本弱点。

五

以上是戊戌时代思想解放运动的梗概。当然，这样一种思想解放远不是彻底的。维新派虽然抨击了专制主义的君权神授观念，用资产阶级的民主、平等原则重新解释了君民的关系，但是他们不敢直截了当地推翻帝制，还死抱住光绪皇帝，甚至不惜以身殉之；维新派提倡资产阶级的文化和学术，对科举、八股攻击不遗余力，但是，他们托古改制，依附圣贤，盘旋在孔孟的脚下，不可能和封建主义文化彻底决裂；维新派主张发展变化，反对停滞静心，并且也曾吐露和发挥过唯物主义的个别论点，但是他们反对质变，反对革命，强调“不忍之心”，不和反动势力进行正面的斗争，却妄想以企求恩赐的办法换取枝枝节节的改良，他们跟形而上学和宗教唯心论仍旧保持着紧密的关系。这就是戊戌时代思想解放运动所达到的和没有达到的。一个时代的思想潮流，归根到底是该时代物质生活条件的反映。戊戌时代，祖国正处在水深火热、任人宰割的重重苦难中，当时，刚刚从地主阶级中分化出来的资产阶级知识分子为了挽救国家危亡而在黑暗中探求、摸索，但是，只有初步发展的微弱的资本主义经济，并不能给他们提供充分的物质支持力量，维新派完全处在一场力量悬殊、没有胜利希望的战斗中，而且他们自己也带着很浓厚的封建因素，不可能把思想解放的任务进行得再深入一步。不久，当帝国主义奴化思想和封建主义复古思想的反动同盟军稍稍一反攻，“所谓新学，就偃旗息鼓，宣告退却，失了灵魂，而只剩下它的躯壳了”。历史在继续前进，五四以后，中国产生了崭新的文化生力军，这就是中国共产党人领导的共产主义的文化思想，这支文

---

① 汪康年：《论中国求富强宜筹易行之法》。

化生力军以新的武器、新的阵势，向帝国主义文化和封建主义文化展开了英勇激烈的进攻。可是，曾经站在历史潮流前头的维新派却在向后倒退，当年反对专制君权的主张一变而为“保皇”“复辟”，当年反对科举、八股的主张一变而为“尊孔”“读经”，维新派违背了自己主张的变化发展的哲学观点，企图阻挡历史的前进。最后，维新派就像当年的守旧派一样，在历史的铁的规律面前碰得头破血流。

戊戌变法运动至今，社会的发展是多么迅速！戊戌时代那些先进人物的想法和看法似乎离我们已十分遥远了。我们的祖国，在中国共产党的领导下不但摆脱了帝国主义和封建主义的压迫，而且在经济战线、政治战线、思想战线上也取得了社会主义革命的基本胜利。祖国的社会主义经济建设正在以一日千里的速度向前跃进。今天，中国人民又在经历一次新的思想解放运动，和历史上任何时代的思想运动比较起来，今天的思想解放才是真正彻底的解放。今天的思想解放，首先是劳动者的思想解放，它是反对一切剥削阶级的思想观点的，而不是以某种剥削阶级的观点去反对另一种剥削阶级的观点（如戊戌时代以先进的资产阶级思想观点去反对反动的封建阶级思想观点），只有在社会主义的光辉时代里，劳动者才能真正掌握自己的命运，才能成为国家的主人，因而他们的精神面貌必然要发生巨大的改变；今天的思想解放又是全民的思想解放，它并不像历史上的思想运动那样仅仅限制在少数人的狭小圈子里，少数人垄断知识的时代即将一去不复返，文化知识正在大普及，千千万万新的知识分子正在涌现、成长，人民群众无穷无尽的智慧和创造力得到了真正充分的发扬；今天的思想解放又是理论和实践的统一，人民群众从实践中提出任务，解决任务，真正做到了敢想、敢说，而且敢做，不像历史上的思想运动，与实践脱节，只是“说多做少”，甚至是“只说不做”；今天的思想解放是真正彻底的思想解放，劳动人民对于横亘在前进道路上的一切思想障碍是无所留恋、无所畏惧的，他们将以急风暴雨的形式扫荡一切剥削阶级观点和主观主义、保守主义思想，为社会主义建设开辟一条宽广的康庄大道。

戊戌变法的历史贡献与历史局限*

100多年前的戊戌年（1898），北京发生了一场旨在图强御侮的变法运动，史称“戊戌变法”。

自从甲午战争中国战败之后，日本逼迫中国签订丧权辱国的《马关条约》，清政府被迫赔巨款、割台湾、开商埠，利权进一步丧失。从此，帝国主义列强对中国的侵略更为加紧，各自割据势力范围，抢夺铁路修筑权、矿山开采权，企图瓜分中国。中国有志之士目睹国家艰危，无不义愤填膺，奔走呼号，探索自救之道。1895年，康有为等赴北京应试的来自全国各地的举人上书清廷，反对《马关条约》，要求迁都，实行变法，继续抵抗日本，是为“公车上书”，开变法运动之先河。继之，维新派以变法救亡为号召，在各地建学堂、开报馆、设学会、译书籍，以求中国之进步。维新变法思潮，汹涌激荡，不可遏止。一部分上层统治者，包括光绪皇帝和翁同龢，在外患日亟的刺激下也倾向于变法，起用康有为、梁启超、谭嗣同等维新人士。1898年6月11日，光绪帝颁布《明定国是》诏书，申明变法的决心，并斥责守旧大臣：

> 托于老成忧国，以为旧章必应墨守，新法必当摈除，众喙哓哓，空言无补。试问今日时局如此，国势如此，若仍以不练之兵，有限之饷，士无实学，工无良师，强弱相形，贫富悬绝，岂真能制梃以挞坚甲利兵乎？

自此日起，光绪帝在维新派的辅佐下，屡颁谕旨，推行新政。至9月21日慈禧太后发动政变，变法失败，共103天，史称“百日维新”。“百日维新”期间，颁布的新政大约有：开制度局以统筹全

---

* 原载《语冰集》，南宁，广西人民出版社，1999。原标题为《百年功过论戊戌》。

局；诏举经济特科；命官员保举新政人才；设中国银行、农工商总局以振兴实业；设立矿务铁路总局，催办京汉铁路及粤汉、沪宁铁路；创办京师大学堂，各省设立大、中、小学堂，命选派学生赴外国游学；设译书局以翻译西书；用新法练陆军、习洋操；裁撤衙门以减省冗员；各部删订则例，以求办事简便有实效；鼓励士民上书言事；等等。但以慈禧太后为首的守旧派反对变法，9 月 21 日，慈禧从颐和园回宫，囚禁光绪，夺取权力，康有为、梁启超逃亡，谭嗣同、杨锐、林旭、刘光第、杨深秀、康广仁“戊戌六君子”被捕遇害。一大批支持变法的官吏、知识分子，或被罢官，或被流放，或被拘禁，戊戌变法如昙花一现，归于失败。

中国本来是个封建国家，经济上是自给自足的封建小农经济，政治上是绝对的封建君主专制统治，文化教育上崇尚儒家的纲常伦理，实行科举八股的教育考试制度。这样的国家和英、法等正在飞速发展的资本主义近代国家完全不同，已大大落后于英、法。“落后就要挨打”，因此，从鸦片战争以来，中国在抵抗外国侵略的战争中屡战屡败。事实证明：传统的封建制度在近代世界已不能生存下去。洋务派已认识到外国的先进性，故而用西法制炮、造船，开工厂、筑铁路，但洋务派不想根本改变旧制度，只在器物层面学习西方的长处，以补苴中国的旧制度，无意把中国变成一个摆脱封建制度的近代国家，这就是“中学为体，西学为用”的实际含义。戊戌维新派的先进之处在于认识到器物层面的某些改变不可能挽救中国，必须从根本制度上进行改革，把传统的封建专制的农业国改变为近代君主立宪的工业国，以拯救中国的危亡。所以，维新派主张“大变”“速变”“全变”，大大突破了洋务派认可的变革范围。因此，维新派的主张不仅为守旧派所反对，也为李鸿章、张之洞等洋务派所不容。守旧派与洋务派勾结起来，共同扼杀了戊戌变法。

戊戌变法已经过去一个多世纪，百年沧桑，神州巨变。戊戌变法以后 13 年，即 1911 年，爆发了辛亥革命，推翻了清王朝，埋葬了延续了 2 000 多年的封建君主专制制度。戊戌变法以后半个多世纪，民主革命获得胜利。帝国主义和封建主义在中国的统治被推翻，成立了中华人民共和国。戊戌变法以后100年，中国人民在邓小平理论的指导下意气风发地建设有中国特色社会主义。抚今追昔，感奋实深。回顾戊戌变法，它的历史贡献在哪里？它的局限性又在哪里？

第一，戊戌变法的贡献在于政治上要求改变封建君主专制制度，建立近代的君主立宪国家。在封建专制制度下，君临万民，独揽一切，权力不容分割，不受制约，排斥了人民大众参政议政的权利，是造成不公正、不平等以及暴政、动乱、腐败的根源。戊戌时代的维新派强烈要求改变专制制度，他们借用了法国启蒙思想家卢梭的“民约论”思想。谭嗣同在《仁学》一书中说：“生民之初，本无所谓君臣，则皆民也。民不能相治，亦不暇治，于是共举一民为君……夫曰共举之，则因有民而后有君；君末也，民本也，天下无有因末而累及本者，亦岂可因君而累及民哉？夫曰共举之，则必可共废之。君也者，为民办事者也；臣也者，助办民事者也……事不办而易其人，亦天下之通义也。”原来巍巍在上、发号施令的“天子”不过是老百姓“共举”出来办事的，办不好事，还可以“共废之”。这样一来，几千年相传的专制皇帝神圣不可侵犯的神话被戳穿了，这在当时是十分大胆而新颖的见解，而且他尽情揭露了君主制度下的悲惨现实，直斥“如此黑暗地狱，直无一法一政足备记录，徒滋人愤懑而已”。欧榘甲的《论大地各国变法皆由民起》指出，专制制度是中国贫弱落后的根源。因为在专制统治下，君与民、官与民之间存在着不可调和的矛盾，人民“屏息潜伏不敢轻议国事以触文法……其民之气既散，益块然干槁，安于醉生梦死”，“外患猝至，乃如摧枯拉朽，莫能御矣”。按照维新派的说法，只有召开“议会”，实行“立宪”，使专制君主的权力有所制约，才能“解生民于倒悬之危，置国家于磐石之安”。

尽管君主立宪的主张客观上只能为新兴的中国资产阶级分享政权开辟道路，并不能真正挽救中国，但维新派力争制约君主的权力，摆脱专制主义的束缚，这是有重大意义的进步。人们只有不再相信君权的神圣，从专制君权中解放出来，才有可能继续前进，走上推翻君主的革命道路。所以，戊戌时代这一思想解放为许多知识分子的进一步革命化创造了条件。

第二，戊戌变法的贡献还在于经济上倡导民营企业，为民族资本主义的发展开辟了道路。洋务运动中，中国已出现了工厂、矿山、铁路等近代企业，但数量较少，而且大多是官办、官督商办、官商合办，都要挂上“官”的招牌，民营企业则得不到保护。1890 年，台湾巡抚刘铭传因基隆煤矿亏损累累，上奏清廷，请求将煤矿改为商办，清廷不准。守旧大臣驳斥道：“民有权，上无权矣。”刘铭传被交部议处。

戊戌变法期间，光绪帝采取完全不同的态度，“百日维新”的第一天即下谕各省设立商务局。光绪帝采纳御史王鹏运“请于各省会设立商务局，由各商公举殷实稳健、素有声望之绅商，派充局董，驻局办事”，“毋庸设大臣督办”的意见；以后两次谕令刘坤一、张之洞在上海、汉口试办商务局，创立商会，这是提倡创建摆脱官方约束的民间组织和企业；又鼓励士民著作新书，创行新法，制造新器，准许给予专利，甚至民间可以“兴造枪炮各厂”，“著照军功之例，给予特赏，以昭激劝”（五月十七日上谕）。连枪炮厂都许民间设立，其他民营企业更不在话下了。又鼓励商人张振勋、吴懋鼎开办烟台酿酒厂和天津呢绒厂，命地方官“体察商情，尽力保护”（五月二十六日上谕）。后来又在北京设立农工商局，命各省设分局，“分别制造，以扩利权，而资民用”。这一系列保护和鼓励民间工商业的谕旨，虽由于守旧派的阻挠大多未能实现，但民营企业的合法地位已不可动摇，对于私人创办工商业起了极大的鼓舞作用。故戊戌变法以后，中国资本主义有了初步发展。洋务运动期间创办的近代企业中，官办、官督商办、官商合办的企业多达 80%以上。而戊戌变法前后三年（1897—1899）中，中国创办的厂矿 54 个，资本额 621 万元，其中商办占 70%，民间企业已成为工商业的主流。

第三，戊戌变法的贡献还在于“百日维新”期间废止了八股文，改革了科举制，提倡学习西方，实行近代的教育制度，兴建近代的文化设施，如开学堂、设报馆、立学会等。维新派非常重视人才的教育。康有为说："欲任天下事，开中国之新世界，莫亟于教育。"①梁启超说："变化之本，在育人才；人才之兴，在开学校；学校之立，在变科举。"②

科举制和八股文是禁锢心智、脱离现实的典型。知识分子只读古代的儒家经典，按固定的格式写文章，就可得到高官厚禄。维新派对此做了猛烈抨击。严复说："八股取士，使天下消磨岁月于无用之地，堕坏志节于冥昧之中，长人虚骄，昏人神智，上不足以辅国家，下不足以资事蓄。"在变法期间，类似这种抨击科举八股的尖锐言论俯拾皆是。

维新派在反对科举八股的同时，又提出讲求西学、学以致用的主张。他们在教育文化方面，一是主张开办新式学堂。光绪帝在《明定国是》中特别提出："京师大学堂为各行省之倡，尤应首先举办。"并令各地筹设大、中、小学堂和各类专业学堂。二是科举不用八股文，改试策论。"嗣后一切考试，均以讲求实学实效为主，不得凭楷法之优劣为高下"（六月初一日上谕），并开设经济特科。三是鼓励创办报纸。谕改《时务报》为官报，派康有为督办其事。"各报体例，自应以胪陈利弊、开广见闻为主，中外时事，均许据实昌言，不必意存忌讳。"（六月初八日谕）此外还鼓励译书，选派出国留学生，许士民上书言事，开放舆论。在朝廷的大力倡导下，社会风气日新，学堂、报馆、学会纷纷创立，如雨后春笋，一发而不可阻遏。戊戌变法后 8 年，延续 1 000 多年的科举取士制度终于被废止，近代教育取代了传统的封建教育，报刊等大众媒介日益普及。

总之，100 多年前的戊戌变法在政治上、经济上、文化教育上动摇或部分改变了封建制度的某些方面，为中国的近代化开辟了道路。当然，维新派有自身难以克服的局限性。他们在变法运动中表现得幼稚、脆弱、动摇、冲动、盲目乐观，反映了软弱性、妥协性和不成熟性，缺乏远大的规划、切实的行动，纸上谈兵，于事无济。许多应该做和必须做的事，他们想不到去做，或者不可能做、不愿意

① 梁启超：《康有为传》。
② 梁启超：《论变法不知本原之害》。

做。对于维新派当时的种种失误、缺点和短见，需要用阶级的和历史的方法分析，求得理解，而不可苛求前人。

戊戌变法时期，新旧力量对比悬殊，守旧势力尚很强大，而新兴资产阶级刚刚从旧社会的母腹中孕育诞生，非常稚嫩，不足以冲破旧势力的壁障。当年的维新志士们大多是青年知识分子，或为举人、秀才，或为中下级官吏，缺乏足够的地位、权力与声望，有感于国家的危急、人民的贫穷，他们怀抱救国安民的理想挺身而出，以天下为己任。那时还不可能走向民间去动员和组织人民群众，因而得不到社会的支援。那时也没有正确的、适合中国国情的理论、方针以指导变革主体。联系松散，意见分歧，力量薄弱。他们寄希望于光绪皇帝，以为只要说服皇帝本人，同意实行新政，“挟天子以令诸侯”，就可以冲破一切阻力。然而，他们低估了盘根错节的守旧势力。而守旧派，上有慈禧太后高高在上、专横揽权，下有枢廷诸臣、封疆大吏顽固不化、墨守成规。对光绪帝所下的“百日维新”诏谕，他们不执行，不办理，推诿拖延，束之高阁；对维新派人士则嫉恨怨妒，公开攻讦，势如水火。守旧派大权在握，不可动摇。故慈禧太后一声令下，光绪帝束手就擒，“戊戌六君子”坐待诛戮。变法维新的大厦突然倾倒，土崩瓦解。

戊戌变法是中国实行近代化的早期尝试。中国的近代化是长期、艰难、曲折、复杂的过程，会碰到许多艰难险阻，遭遇种种挫折失败，需要越过无数急流险滩。因此，需要有正确的、符合国情的指导理论，有克服众多困难的战略策略，有团结坚强、为之冲锋陷阵的改革群体，有支持改革的物质力量和社会基础。但是这一切，维新派均付阙如，戊戌变法是一场准备很不充分的政治运动。当年的维新派承担了一项自己难以胜任的任务。就像康广仁批评他的哥哥康有为所说：“伯兄规模太广，志气太锐，包揽太多，同志太孤，举行太大。当此，排者、忌者、挤者、谤者，盈衙塞巷，而上又无权，安能有成？”① 因此，戊戌变法的悲剧有其深刻的根源，是历史的

① 《戊戌六君子遗集》，第6册。

必然。

100 多年来，中国人民艰苦奋斗，取得了革命和建设的胜利。今天的中国已是独立而初步强大的国家，已经实现了戊戌时代维新志士们的理想。但中国近代化的道路仍很漫长，缅怀前贤，意气风发，我们将为实现国家的全面繁荣而努力奋斗。

改革大潮中的历史沉思*

社会矛盾的尖锐和精英力量的觉醒、集合就能使改革起动。改革运动的领袖总是杰出的理论家，能以创造性的理论教育、引导、团结群众，并以自己的洞察力烛照改革前途。最佳的改革方案是使社会不发生剧烈震动，而又使社会成员不断受益，使改革在安定而宽松的气氛中进行，改革的失败常常和执行改革者的品质和行为联系在一起。防止改革目标在实施过程中被扭曲。

发生在19世纪末的戊戌变法运动，曾在中国掀起巨大的波澜，产生了深远的影响。今天，我们又一次处身在新的改革开放的浪潮中。这场变法维新运动，固然与今天的改革开放在性质上、规模上、取得的成果上不能够相提并论，但是，站在今天改革开放的高度去反思、审视那场改革运动，还是会在许多方面给我们以启示，使我们更深刻地认识正在进行中的改革。

戊戌变法时的维新志士们提出的改革目标是要使国家富强，民族复兴。这个目标今天也还没有完全实现。从一定意义上说，我们正在继承戊戌志士的爱国热忱和改革理想。尽管中国前进了很远，取得了伟大的成绩，但几千年封建社会留下的包袱还没有放下，中国的社会主义现代化尚未完成，经济、文化的落后面貌还没有根本改变。从1840年鸦片战争算起，中国被卷进世界历史的旋涡，和西方国家发生冲突，但同时又向西方学习，希望实现国家的富强，历时将近150年，中国人民努力奋斗，付出了重大的代价，到现在才

---

* 原载《教学与研究》，1989年第2期。原文有副标题“戊戌变法90周年感言”。

达到了解决温饱问题的水平，而人均国民生产总值仍大大落在世界发达国家的后面。我们的改革开放取得了巨大的成绩，这是举世公认的。可是，也存在着严重的困难。治理经济环境、整顿经济秩序的措施非常必要，任务非常艰巨。

作为历史学家，我们不能不站在现实的基地上进行冷静的、理性的思考：戊戌变法以来，我们做了多少事？中国前进了多少？我们能够从戊戌的改革中学习到什么？今后的改革能不能进行得更顺利、更有成效？

我们通常把戊戌变法的失败归之于反动派的破坏，是由于袁世凯的告密和慈禧太后发动政变。这样说当然是不错的，但还不能非常透彻地说明戊戌变法失败的原因。如果没有慈禧太后和袁世凯，戊戌变法是不是就能够一帆风顺？事情看来还不是那样容易。问题在于：中国存在着阻碍改革的强固的社会基础，在这一基础上生长着落后保守的经济体制、政治体制、文化心理。慈禧太后和袁世凯都是这一盘根错节的社会基础的产物和代表。如果没有社会基础，顽固派是发挥不了那样强大的破坏作用的。铲除几个人容易，铲除阻碍改革的社会基础，就要困难得多，要有几个世代的人们坚持不懈的努力。

回顾戊戌改革，面对今天的改革开放，我们不禁要问：改革是如何发生的？一个社会在什么情况下会使改革起步？改革应该依靠什么样的力量？如何勾画出改革的蓝图并付诸实施？在改革的道路上会有多大阻力，多少困难？怎样采取措施减少阻力？改革成功的机会有多少？怎样使改革胜利的可能性变成现实性？等等。这一系列问题至关重要，应当从历史和现实中总结经验和教训，以提高我们的认识，甚至可以建立一门“改革学”，或“社会发展战略学”“现代化进程学”。现在非常需要这样的学问，对改革进行深思熟虑的缜密研究，高屋建瓴地从理论上指导改革的实践。

改革是一种社会需要。当社会矛盾尖锐，各种弊端滋生，社会难以正常运转和发展时，才会唤起改革的意识和改革的行动。一部分社会精英最先认识改革的必要性，他们集合起来，掌握了一定的权力，实行自上而下的改革。戊戌变法就是这样，它是在中日甲午战争失败、帝国主义瓜分中国的危机下产生的，由康有为等人发动并得到光绪皇帝支持的政治运动。所以，社会矛盾的尖锐和精英力量的觉醒、集合就能使改革起动。但是，改革的进展和成功取决于更加复杂的因素。

第一，改革的成功要有大多数人的支持，这就一定要制定改革的理论、纲领，并广泛宣传，让群众理解改革的必要性和目标、步骤，吸引群众投身到改革中去，为之奋斗。改革运动的领袖总是杰出的理论家，学识渊博，思想深邃，智力高超，能够以创造性的理论教育群众、引导群众，使群众在改革的目标下团结一致，产生强大的凝聚力，并能以自己的洞察力烛照改革的前途上的困难。戊戌变法时，康有为、梁启超、谭嗣同、严复等人都有很高的学术造诣，他们写了许多著作，从各方面阐明了改革运动，他们提出了当时所能提出的较好的主张。遗憾的是，他们的理论还不成熟，对中国国情和改革运动的规律所知不深，特别是他们所能影响的范围还很小，他们虽然说服了光绪皇帝支持改革，但和顽固派较量，力量对比仍很悬殊。当时，广大人民没有文化知识，处在社会下层，维新派未能同他们联系，因而人民群众的绝大多数处在变法改革的圈子之外。因此，反对改革的势力大大超过了支持改革的势力。戊戌变法也就不能不以失败告终。戊戌变法后，梁启超痛定思痛，写了一篇《新民说》，要与民更始，从老百姓的启蒙教育做起；孙中山以后也懂得要“唤起民众”“扶助农工”；中国共产党领导革命更是努力发动群众，注意依靠群众。民主革命胜利后，毛泽东在《论人民民主专政》一文中又一次讲到“严重的问题是教育农民”。改革要取得成功，必须唤起民众，提高全民族的文化素质，用改革的理论武装他们，得到他们的理解和支持，在民众中焕发出认同、团结、奋发、拼搏的精神，才能破除阻力，使改革乘风破浪，迅速前进。

第二，改革要在稳中求进。改革是个渐进过程，是新要素的逐渐积累。对现存事物不必要、也不可能使之在一夜之间全部改观。

改革不是用暴力行动一举摧毁旧秩序，而是通过和平的、民主的、有计划的步骤，促进新旧体制的交替，要稳扎稳打，步步推进。最佳的改革方案是使社会不发生剧烈震动，而又使社会成员不断受益，使改革在一个安定而宽松的气氛中持续进行。有时候，改革也会带来一时的经济衰退、生活下降和政治动乱，一定要把损失和动荡控制在一定范围，减少到最低程度。改革者当然不能因暂时困难和挫折而惊慌失措、动摇退却，但又要充分重视困难，实事求是地估计社会的承受能力，全力以赴地去克服困难。改革措施如果引起剧烈的动荡，影响社会安定，或者使很多人蒙受重大的经济损失，是不可能得到成功的。因此，改革的目标和理想是远大的、雄心勃勃的，而每一改革步骤和具体政策必须审时度势，十分谨慎小心，切勿操之过急，急于求成。戊戌变法期间，维新派在不可能大有作为的情况下，却开出了许多空头支票，高喊："大变""速变""全变"，要求在几年之内"大见成效"。百日维新期间，诏书频颁，新政繁多，像雪片似的下达，企图百废俱举，一步登天。有些改革措施，虽然十分必要，但涉及许多人的生计利益，就要谨慎从事。例如，精简衙门，裁撤冗官，停止科举考试，将各地寺庙改为学堂，这些无疑都是正确而必要的。但是，不做准备，不分步骤，不对有关人员做出妥善安排，贸然颁发一纸命令，强制推行，不但不能生效，反而在许多官吏、僧道和知识分子中引起疑虑和恐慌，增加了改革的阻力，对改革实无益而有损。

第三，执行改革的人，其品质和行为十分重要。改革是为人民、为社会谋利益，不是为改革者、执行者自身谋利益。执行改革的政府官员为政清廉，公平执法，具有高尚的道德情操，富有献身精神，才能给改革树立良好的形象，赢得群众的敬服和拥护。改革的失败常常和执行改革者的品质和行为联系在一起。营私结党、贪污腐化、以权谋私是改革的腐蚀剂，最容易败坏改革的声誉。所以，树立廉洁政治、整肃法制纪律，使弊绝风清，是改革成败之所系，决不能掉以轻心。戊戌变法中，顽固派攻击维新派夤缘求进，馈礼不绝，宾客盈门，车水马龙，"今日一袍料，明日一马褂料，今日一狐桶，明日一草上霜桶”①，维新派的行为不自检束，遂授人以口实。康有为逃亡到海外，也有滥用和挥霍华侨捐款的行为。宋代的王安石变法，其方向和目标都是正确的，但变法阵营内，麇集着像吕惠卿、蔡京这样的腐败分子，给变法抹黑，而反对变法的阵营内反而有许多正人君子、学者文人，如司马光、程颢、程颐、苏轼等人。这样，王安石变法就难以得到社会的信赖和支持，这是变法失败的一个重要原因。

第四，防止改革目标在实施过程中被扭曲。改革的方向、目标、政策即使是好的，但观念上的东西一旦接触实际，可能扭曲变形，“橘逾淮而为枳”，什么样的土壤结出什么样的果实。所以，改革者在制定政策时，要反复估量政策在实际中的可行性，并且要监督其实施，形成一套信息反馈的机制。有时，一种很好的倡议和政策，由于在实施过程中受到各种因素的干扰、各种力量的拉曳，会变得面目全非，好事反而变成坏事，政策实施的后果会使政策的制定者大吃一惊。戊戌维新派主张编练军队，想不到帮助了北洋军阀的兴起。他们鼓吹立宪政治，想不到10年以后却在宪法的招牌下出现了皇族的集权。有时候，一种政策措施要在较长的时间中才能显示出或正或负的效应。

当然，戊戌变法中可以研究的、带规律性的东西很多，在这篇短文中不能一一列举。戊戌变法的研究对现实有一定的借鉴作用，我们要深化改革，就需要研究改革的规律、改革的理论，从过去和今天的改革实践中总结经验教训，以期加深对改革的理解，促进当前的改革。

① 章太炎：《革命道德说》。

辛亥革命

辛亥革命开启了中国现代化的新纪元*

辛亥革命是中国20世纪中的伟大历史事件。中国人民每年都要纪念它。纪念它推翻了清朝政权，结束了2 000多年的封建帝制。纪念它建立了中华民国，开创了共和的政治体制。纪念它传播三民主义，促进了民主意识。纪念它高举革命爱国的旗帜，开辟了中国人民继续前进的道路。纪念它为追求民族复兴和国家现代化进行的不懈努力。

中国的现代化可以从鸦片战争算起。它是一个漫长、崎岖、曲折的过程，到今天还没有完成，我们仍在这条道路上迅速迈进。到21世纪中叶，将把我国建成富裕、民主、文明、和谐、美丽的社会主义现代化国家。回顾以往，中国人民经过许多艰难险阻和激烈斗争，用血与火谱写下一页又一页壮丽的历史篇章。

辛亥革命是我国现代化过程中的一个阶段。主要是完成了推翻封建专制、建立共和政府的任务。这是了不起的大事情。2 000多年压在人民头上的皇帝被推翻了，这在过去是不能想象的。所谓“国不可一日无君”，“朕即国家”，没有皇帝还成什么国家？不能想象的事情居然发生了。这是中国现代化道路上的一个里程碑。为什么要推翻皇帝？因为清朝皇帝存在一天，中国就不可能独立富强。正像江泽民在纪念辛亥革命90周年大会上所说：“清王朝是中国反动封建势力的代表，同时已成为帝国主义统治中国的工具。不扫除这个障碍，要获得人民的解放和幸福是不可能的。”只有推翻了清王朝，才能实现国家的现代化。

实现现代化是近代中国人的理想和希望。现代化是从古代传统

---

* 原载《瞭望》，2001年第42期。

的农业社会走向现代工业社会的过程。各个国家现代化的具体道路是不同的，根据各国的国情和国际情势而千差万别。但它的趋势又是共同的，各国都在走向民主、进步、富裕、强盛，都在融入世界历史发展的潮流。这是不可抗拒、不可逆转的必然趋势。

20 世纪初，当八国联军的铁蹄蹂躏了北京后，中国在帝国主义侵略和封建主义压迫下进入漫漫黑夜。但帝国主义的侵入也在中国促成了商品市场和劳动力市场。中国初步出现了现代工商企业，逐渐形成了无产阶级、资产阶级和现代知识分子。新的经济和新的社会力量是中国的希望。发展新经济和新社会力量即实现现代化，需要国家政权强有力的支持。欧美各国实现现代化之初无不有国家的参与和支持。17 世纪和 18 世纪欧美出现了许多新兴的民族国家，正是这些民族国家积极运作，执行有利于工商业发展的各种措施和政策，才使经济文化蓬勃发展，使欧美国家从传统走向现代。当时腐败无能的清政府不能肩负支持中国现代化的艰巨任务，成为中国现代化的障碍。

历史曾经给予清政府多次机会。洋务运动是其中的一次，比日本的“明治维新”还要早，且时间长达 30 年。当时国际形势也没有后来那样险恶，洋务运动中清政府被迫蹒跚前进了几步，搞了一些近代工业，采煤，设工厂，行轮船，建海军，办教育，中国的现代化从此起步。但清政府封建意识太深，传统包袱极为沉重，在现代化的道路上迈不开步伐。工厂、矿山大多官办，经营不善，弊端重重。开了个同文馆以引进新文化，但由于顽固派的抵制而虎头蛇尾，没有成绩。派往美国的留学生因保守官僚的反对，被中途撤回。修建铁路争论了 10 年之久迟迟不能启动，10 年时间在抵制、争论与无所作为中白白荒废。组建北洋海军算是较有成效的项目，但中法战争后经费无着，订购舰炮陷于停顿。日本却奋起直追，以中国为假想敌，举全国之力大办海军，导致中日甲午战争中我国海军一败涂地。30 年洋务运动的破产证明清政府不可能承担起现代化的任务。甲午战争失败后，更多的人理解改革的必要性和紧迫性，仍寄希望于清王朝，帮助它改弦更张，奋起图强，发生了戊戌年的变法运动。

但当改革损害了既得利益集团的时候，实际掌握政权的旧势力进行反扑，“戊戌六君子”人头落地，戊戌变法偃旗息鼓。清政府又一次失去了改革前进的时机。腐朽的清王朝既不愿意也无能力承担中国现代化的任务。它对外不能抵抗外来侵略，保卫民族利益，对内不能进行改革，以图振作，完全沦为出卖主权、阻碍进步的反动政权。到20世纪初，客观形势已迅速变化。人民群众革命意识觉醒，不再寄希望于清政府而选择了武装起义推翻清政府的革命道路。

20世纪初，伟大的革命先驱孙中山先生登高一呼，群起响应，建立同盟会，宣传三民主义，组织武装起义。客观的革命形势和主观的革命觉醒酝酿成熟，孙中山等革命党人走在历史的前头，完成了推翻帝制、建立共和的丰功伟绩，为中国的现代化扫除了政治障碍。

当然，辛亥革命虽然推翻了清政府，但却没有完成反帝反封建的历史任务。中国也没有很快实现现代化。因为现代化是一个极其漫长的过程，它分成若干阶段，不可能毕其功于一役。我们不可能在短期内解决所有的问题，一蹴而建立独立、富裕、强大的中国。在现代化的每个阶段中，只能解决一个或两个当前的主要任务，例如：辛亥革命推翻了清政府，消除了现代化的政治障碍；五四运动反对旧文化，引进了民主与科学；北伐战争消灭了旧军阀；抗日战争打败了日本帝国主义的侵略；解放战争打败了帝国主义和封建主义、官僚资本主义，建立了中华人民共和国。许多阶段连贯起来，逐步解决了阻碍中国现代化的各种障碍，构成了中国现代化前进的历史运动。辛亥革命仅是现代化长河中的一个阶段，它很好地完成了这一阶段的主要任务，孙中山和辛亥革命的战士们为中华民族建立的功勋将永垂史册，彪炳千秋。他们值得中国人民永远尊敬和怀念。辛亥革命没有也不可能解决中国现代化过程中的全部问题。中国人民只有经过漫长艰苦的奋斗历程，只有踏踏实实地逐个解决摆在面前的已经成熟了的具体任务，积累一次又一次的胜利，才能越来越接近现代化的长远目标。今天，缅怀辛亥革命的光辉业绩，把它放在中国现代化的过程中进行考察，将能使我们更深刻地理解辛亥革命的贡献和伟大意义，将更能激励我们为实现现代化和民族复兴而努力奋斗。

辛亥革命的教训和社会主义的选择*

1991 年是伟大的孙中山先生领导的辛亥革命 80 周年。

80 年前，中国的大地上掀起了反对帝国主义、反对封建主义的轰轰烈烈的革命运动。武昌革命党人在与外界很少联系，准备又不充分的条件下，始举反清的义旗，发动突然袭击，驱逐清朝官吏，攻克武汉三镇，成立军政府，与清军展开战斗。武昌起义如春雷乍起，万象复苏，各省闻风响应，纷纷宣告独立。革命风潮鼓荡全国，不可遏抑。工农和青年群众满腔热情，奋起斗争；对革命一向心存顾虑的立宪派也加入反清营垒，甚至许多旧官僚、旧军官也为大势所迫，不得不顺应形势，反动阵营迅速分化。曾几何时，统治中国 268 年之久的清王朝在即刻间众叛亲离，迅速瓦解，末代皇帝不得不宣布退位。中华民国诞生，临时政府成立，孙中山当选为临时大总统，并成立临时参议院，制定了《临时约法》。

辛亥革命推翻清政府，结束了 2 000 多年的封建君主专制统治，其成果是极其伟大辉煌的。封建皇帝历来是反动统治的核心，是至高无上的神圣权威，皇帝的倒台使人民懂得了皇帝是应该也是可以打倒的，根深蒂固的忠君观念和统治信条发生了根本动摇。和清朝专制政府相联系的一些陈旧体制、封建陋习，如等级制度、官场礼仪、苛酷肉刑、尊卑身份以至缠足、蓄辫、服饰等等，都遭到了重大的冲击，人们在政治上、思想上得到了一次解放，社会风气有了很大进步，民主、共和、平等的观念深入人心。所以，列宁热烈地歌颂辛亥革命是真诚的民主主义的高涨，“如果没有群众革命情绪的蓬勃高涨，中国民主派不可能推翻中国的旧制度，不可能争得共和

---

* 原载《中国教育报》，1991 年 10 月 10 日。

制度。这种高涨以对劳动群众生活状况的最真挚的同情和对他们的压迫者及剥削者的强烈憎恨为前提，同时又反过来产生这种同情和憎恨”①。

辛亥革命是历史和社会长期发展的结果，是无数革命烈士艰苦奋斗、流血牺牲所得来的革命成果。由于清政府的腐败无能，革命派从起义以后一直保持十分有利的态势。全国各阶级、各阶层一齐转变，反对清政府，致使清朝出人意料地迅速灭亡。胜利的到来看起来那样迅速、突然、轻而易举。领导这次革命的资产阶级革命派陶醉于巨大的胜利中，天真地以为清朝已经被推翻，革命已经成功，从此致力于建设，必能使国家迅速走向繁荣、富强。革命派匆忙地搬来了西方的政治制度，企图按照欧美国家的模式建立资产阶级共和国，在中国发展资本主义。革命派并没有估计到前进路上还会有丛生的荆棘和湍急的险滩。人们对事物的认识总是由浅入深，由局部、片面走向比较完整、全面，中国人民对革命的认识同样经历了这样漫长、曲折的过程。辛亥时期的革命派把妨碍中国前进的原因完全归于反动腐朽的清政府，并没有清楚地认识到站在清政府背后的帝国主义和封建势力，也没有认识到中国社会的半殖民地半封建性质以及革命的长期性和复杂性，对于革命迅速胜利后可能出现倒退、篡权、复辟等危险估计不足，缺乏思想准备。孙中山等一部分革命者把注意力转移到经济建设方面，正在规划筹资集款，建造铁路，兴办实业；宋教仁等一部分革命者醉心于议会政治、责任内阁；也有的革命者功成身退，转而进行学术研究；还有的革命者迷恋金钱、权力、地位，与旧势力同流合污，沦为其附庸。于是，随着辛亥革命胜利而来的是革命阵营的急剧分化和革命的迅速退潮，国家的权力机构和军事力量落入以袁世凯为代表的北洋军阀的手中。中国资产阶级革命派并没有把革命进行到底。当袁世凯集权于一身，向革命者挥舞屠刀时，革命派才憬然觉悟，奋起抗争，发生了所谓“癸丑之役”的二次革命。但是，革命与反革命的力量对比已发生了

① 《列宁全集》，中文1版，第18卷，154页，北京，人民出版社，1959。

不利的逆转，反袁起义失败了。这次起义是辛亥革命的继续，是孙中山等力图挽救革命的尝试，它的失败说明了中国资产阶级已无力领导革命向前发展，新兴的无产阶级行将肩负起革命领导的重任。

中国资产阶级不可能领导革命直至彻底胜利，其根本原因取决于中国的国情和资产阶级自身的弱点。中国是个半殖民地半封建国家，政治、经济、文化落后，发展很不平衡。帝国主义和封建主义十分强大、顽固，竭力阻碍中国进步，中国没有改良、请愿和进行议会合法斗争的条件，而必须以武装革命反对武装的反革命。由于种种主客观条件，革命不可能迅速成功，而要进行长期的战斗，通向胜利的道路漫长、曲折而艰难。在这种国情、条件下，中国资产阶级难以将革命引向胜利。

中国资产阶级在半殖民地半封建社会中成长，它和帝国主义、封建主义存在着矛盾，故有革命的、积极的一面。但中国资产阶级本身，很多是由官僚、地主、买办转化而来，他们的工厂、企业、矿山在资金、技术、原料、机器、市场等方面要依赖帝国主义，因此彼此有千丝万缕的联系。中国资产阶级和人民群众有利益一致的一面，特别在辛亥革命时期，中国资产阶级处在上升时期，在一定程度上能够信任民众、发动民众。但当人民力量壮大，群众运动空前高涨，资产阶级又会担心自己的地位和利益受到威胁。正是这种两面性、软弱性使得中国资产阶级在革命中瞻前顾后，犹豫妥协，使得革命功败垂成、半途而废。

资产阶级的两面性、软弱性反映在它的政治纲领上。革命派提出了三民主义，这在当时的历史条件下是救国的正确方案，起了动员民众、推进革命的作用，但也明显存在局限性。辛亥革命时期的三民主义，其民族主义着重于国内的反满，忽略了反帝，甚至对帝国主义抱有幻想；其民权主义着重于废除帝制，建立共和政体，而不是把政权真正交给人民，让人民群众当家作主；其民生主义主张采用英国亨利·乔治的单一税，实现土地国有。其实际意义是迅速发展资本主义，造成新的两极分化和贫富对立，而不是人民的共同富裕和普遍幸福。旧三民主义在理论上的局限性和模糊性是时代特征与中国资产阶级妥协性格所造成的。

中国资产阶级由于其两面性、软弱性，不能正确地分析帝国主义、封建主义，因此也就不能明确地分清敌我，甚至以敌为友、敌我混淆，不能集中力量打击革命的主要敌人。在组织上不能充分发动群众，形成千千万万、浩浩荡荡的革命大军去冲击反动营垒。在斗争形式上，没有建立真正的革命武装，不能也不敢把武装革命进行到底。作为革命领导核心的同盟会，组织散漫、纪律松弛、意见分歧，缺乏思想上、行动上的一致。其内部隐藏着不少不坚定分子，当革命失败，这些人萎靡消沉，甚至投敌转向，致使同盟会分崩离析，失去领导作用。孙中山先生在失败后进行痛苦而深刻的反思，觉察到了同盟会的种种弱点和弊端，曾经改组同盟会、国民党。他在革命低潮时期并不气馁，坚持斗争，在黑暗中探索前进，表现了革命领导者高瞻远瞩而又不屈不挠的伟大精神。后来，他在中国共产党的帮助下，终于走上了新三民主义的正确道路。

辛亥革命既有不可磨灭的伟大贡献，也有其局限与不足。立足现实，回顾既往，并不是苛求和指责前人，而是求得对这场革命更真切、更深入的理解。当时革命派的思想和行动如何受环境、传统、阶级的制约？革命者的主观能动性能够发挥到什么程度？他们在面临一些重大问题时何以趑趄不前？历史研究正是通过对无限丰富、生动具体的事件、人物、过程加以科学的概括和客观的评判，去揭示规律，吸取经验，增长人们的智慧。历史的发展总是呈现出阶段性和连续性，人们只能完成当时条件下所可能完成的任务，而把尚未成熟的课题留给后人去解决。

五四运动是中国革命史上的伟大转折。无产阶级的兴起和中国共产党的诞生从根本上改变了政治局面。中国共产党是中国工人阶级的先锋队，是中国各族人民利益的代表。它从建党开始就以马克思列宁主义作为思想指导，有严密的组织和铁的纪律，以在中国实现社会主义、共产主义为最高奋斗目标。中国共产党在总结过去的历史经验和当前的革命实践中，把马列主义和中国的国情相结合，逐渐探索到革命的新路，即在民主革命中充分发动群众，坚持武装斗争，团结最广泛的革命力量，牢固地掌握革命的领导权，在取得反帝反封建民主革命的胜利后顺利地过渡到社会主义。中国共产党在成立以后28年的漫长岁月中，遵循从新民主主义通向社会主义道路的规律，英勇奋斗、历尽艰辛、不断前进，终于推翻了帝国主义、封建主义、官僚资本主义的统治，取得了革命的胜利。

中国在辛亥革命以后之所以能走上新民主主义、社会主义的新路，既是由于无产阶级力量的兴起、马列主义的传入和共产党的诞生，革命的主体发生了重大变化，随之革命的思想纲领、目标方式、战略策略出现了全新的飞跃，也是鉴于辛亥革命所暴露的种种矛盾和失误导致革命的失败这一历史教训。真诚的革命者不得不重新思索，改弦更张，放弃建立资产阶级共和国的幻想，而选择社会主义道路。

历史证明，资本主义道路在中国走不通。本来，世界资本主义的发展就是经历了苦难而漫长的历程，几百年的原始积累，血与火的殖民侵略，残酷的阶级剥削与奴役，资本主义发展史即是一部劳动人民的血泪史和资本家的并吞掠夺史。在欧美国家建立资产阶级专政曾使人类付出了巨大的代价。当欧美列强从资本主义过渡到帝国主义阶段，国际条件发生了极大变化时，殖民地落后国家再要走欧美国家的老路已十分困难，通向资本主义的道路变得非常狭窄。列强争霸和瓜分世界，不允许亚非拉国家挣脱奴役的锁链，插足于它们的行列中。特别是像中国这样的大国，长期遭受帝国主义的侵略、封建主义的压迫，不可能像当初的欧美国家那样独立自主地发展资本主义。帝国主义既不甘心在经济上失去广大的市场和丰富的资源，又不愿意在政治上出现一个强大的中国，因此千方百计反对中国的革命，阻碍中国资本主义的发展。而在中国国内，在革命斗争中迅速壮大的工农群众已经认清了当年被誉为“理性王国”的资产阶级专政的血腥本质，他们也不允许在中国土地上广泛发展资本主义剥削制度，把自己和自己的兄弟姊妹当作牺牲品送上资本主义的祭坛。资本主义在中国失去了正常发展的环境和条件，失去了必要的支持和对群众的吸引力，这就是当时中国的国情。资本主义道路在中国走不通，只有社会主义才能拯救中国，这是不以人们的意志为转移的客观规律。

我们在纪念这次革命伟大功绩、缅怀先烈们的英勇事迹时，要反思这次革命何以成功、何以失败，何以当时中国的先进志士毅然抛弃了资产阶级共和国的幻想而走上社会主义道路？在一定意义上，这是总结了辛亥革命失败的沉痛教训后而得出的结论，是根据世界潮流和中国国情所进行的历史性选择。由于做出了正确的选择，中国革命出现了崭新的局面，终于赢得了革命的胜利，社会主义的新中国得以诞生。

今天，社会主义制度已经在中国扎根多年，国家的经济、文化建设取得了伟大成就，社会主义事业日益巩固。当前中国人民在共产党的领导下正在沿着建设有中国特色的社会主义道路奋勇前进。我们相信，我国的建设必将取得更大的胜利，辛亥革命时期革命先辈们梦寐以求的振兴民族、发展中国的理想一定能够实现！

继承、发扬孙中山的精神遗产*

1996年，学界召开了纪念孙中山先生诞辰130周年学术讨论会。这是一次高水平、高质量、高效率、成果丰硕、意义深远的盛会。群贤毕至，少长咸集，会上交流了看法，发表了许多很有启发性的意见。

孙中山先生是中国近代史上伟大的革命家，他的思想一直是历史学家研究的热门课题，有关论著很多，而每个不同的历史时期又有着不同的注意点和侧重点。今天，在改革开放的伟大变革中，我们是以新的视角来探讨孙中山先生的思想和实践活动的。这次大会的主题是“孙中山与中国现代化”，我们在建设社会主义物质文明和精神文明的过程中取得了成绩，也遇到了一些问题和困难，我们正是带着今天的问题，以今天的心态，根据时代需要来纪念孙中山、学习孙中山，继承、发扬他的精神遗产的。我们讨论这个问题，就必然想到今天面对的现实。历史与现实沟通，才能意义深远。而会议讨论也集中在这个主题上。会议的一大特色是百家争鸣、各抒已见。

这次会议讨论的问题很广泛，概括起来大体有三个方面：

一、会议讨论了孙中山领导革命的丰功伟绩，阐发了孙中山关于民族独立、国家统一以及民主共和的思想。孙中山从创立兴中会、同盟会，提出三民主义，到推翻清朝，建立民主共和国，经历了很多艰难曲折。他一生带领革命党人和群众奋勇斗争，把中国的民主革命不断推向前进，晚年和中国共产党进行合作，走向了他革命里程的光辉顶点。他的一生是为祖国的独立统一、民主富强而奋斗的

---

* 原载《语冰集》。末署1996年。

一生，为中华民族的复兴、为中国的现代化做出了伟大贡献，所以受到海内外华人的一致拥戴。

在小组讨论中，关于孙中山晚年思想的发展存在不同看法：孙中山联俄、联共、扶助农工三大政策是出自内心的真诚要求，还是策略上的考虑？这两种意见似乎并不是绝对对立的，一方面是真诚要求，另一方面也有策略上的考虑，可以统一。因为孙中山思想中有倾向社会主义的内在根据，他认同苏联，希望向苏联学习，因此联俄是他的真诚要求；同时他处在险恶的环境中，力量对比对自己不利，希望借助国内外一切可以借助的力量，出于这种策略需要，必须联俄。孙中山晚年思想转变了多少？还有哪些没有转变？这些复杂问题还要留给学者们进一步研究。

会议论文和发言中，对孙中山先生领导的革命和他的革命思想谈论很多，领域非常广泛。有的论者论述了以反满口号进行社会动员的特点和得失，论述了革命和统一的问题，分析了孙中山先生的统一观、统一的含义和来源、统一思想对今天的现实意义，分析了孙中山先生爱国革命思想的时代特点；有的论者论述了孙中山民权主义、民主思想的发展阶段，民权思想对当代中国政治现代化的意义；也有许多论者论述了孙中山和华侨、留学生、会党的关系，论述了孙中山和同时代革命家宋教仁、章太炎、蔡元培、徐锡麟的关系。

会上有几篇从地缘关系上论述孙中山的文章显得颇有特色。孙中山一生除在广东出生地生活外，长期流亡国外，也有一段时间住在上海（“五四”前后），他还去过浙江、北京等许多地方。这次提交会议的文章有的论述广东这个侨乡对孙中山的性格和他走上革命道路的影响，有的论述孙中山对上海建设的关怀，有的论述孙中山建设东方大港的理想，有的则论述孙中山实业计划的地理基础，这些都是富有新意的题目。过去对孙中山在浙江、北京的活动的研究不够，这次会议讲到了孙中山到浙江杭州、宁波、绍兴的活动，还讲了孙中山三次到北京。最近北京的黄宗汉先生，用自己的努力和影响筹集巨款，主持修复了北京湖广会馆。这是孙中山到北京后发

表五次演讲的地方，很有纪念意义。现在那里不仅可以演出，可以作为娱乐的场所，而且还设立了孙中山研究室，已成为北京研究孙中山的一个学术基地。

有人提出这样一个问题：孙中山先生算不算一个思想家？这涉及对孙中山的整体评价。对此，过去就有争论。有的论者认为孙中山的思想不够严密，前后有矛盾，虽然文章、讲演不少，但没有大部头的理论著作，因此不是思想家。我个人认为孙中山应该是伟大的思想家。那么什么是思想家呢？思想家可分为两类：一类是康德、黑格尔或者朱熹、王夫之那样的思想家，基本上坐在书房里，伏案著书，运用逻辑推理，构筑庞大精密的理论体系，写出大部头著作；一类是在斗争实践中，直接从现实中汲取营养，回答现实的问题，推动历史前进，也形成了比较系统、比较切合实际的思想体系。孙中山就属于后者。这两类人物都是有大智慧的思想家。近代中国社会变动大，思想的变化也快，因此前后变化以及思想复杂成为近代思想家的一个明显特征，梁启超、康有为、章太炎都是如此。孙中山生活在近代中国，其思想有时也有矛盾，如反满口号和五族共和；又如一贯的民主理想和有时的个人专断；再如思想来源比较纷杂等。我们应该承认他具有作为大思想家的共性，又有自己的个性；有自己的优点，也有其弱点。毛泽东曾经说孔夫子和孙中山都是中国优秀文化传统的代表。所以，如果否认孙中山是大思想家，那么在中国历史上就很难找到思想家。孙中山理所当然地在中国思想史上占有重要的地位。

二、会议肯定了孙中山最早全面系统地倡导了中国的现代化建设，规划了经济建设的蓝图，希望实现全方位的现代化。这是会议的主题，文章很多，发掘很深，议论很精彩。有些文章指出，实业计划是孙中山近代化建设思想的集中体现，它比前人或同时期的李鸿章、康有为、张謇等人的近代化思想更先进、更系统，内容充实，规模宏大，目标明确。有的文章把孙中山建设中国的思想概括为“振兴实业、均富大同”八个字，有的概括为“经济工业化、政治民主化、文化科学化、社会结构合理化”。孙中山的现代化思想符合历史的趋势和人民的愿望，“外察世界之潮流，内审中国之国情”。和今天相比较，我们建设有中国特色的社会主义在深度、广度、性质和规模上已大大超过孙中山当时所能达到的高度，但在内容上、方法上仍有许多相同或相近的地方，如沿海开发、河流治理、铁路建设、港口城市建设、农业矿业发展和边疆开发等很多方面。孙中山先生的理想规划，仍是我们今天经济建设中可以借鉴学习的思想财富。在现代化建设的方法、步骤和重点方面，孙中山先生提出了一系列正确的、比较符合实际的主张。孙中山把经济建设看作革命胜利以后最重要、最根本的任务，主张全面采用机器生产、发展生产力。他说：“能开发生产力则富，不能开发生产力则贫。从前在清政府之下，欲开发而不能，今共和告成，措施自由，产业之勃兴，可以预卜。”他对经济建设的前途十分乐观、充满信心。他认为经济建设必须对外开放，必须适应世界潮流并与国际接轨，积极引进外国资本、专业人才、机器设备和科学技术，以加快中国的经济建设步伐。他说：我无资本，利用外资；我无人才，利用外国人才；我无方法，利用外人方法。他竭力反对闭关锁国，但他利用外资、引进外国人才有一个原则，即“主权在我”，不能把主权丢失掉。这里涉及一个问题，有的论者认为外资引进太多，就会丧失主权，或难以保持主权。我个人的看法是：能否保持主权，关键在于如何引进、利用、管理、控制外来资本。如不引进外资，就无法学会利用、管理外资。外资引进的数量固然有关系，但不是决定性因素。当然这种顾虑提醒我们要看到引进外资和自力更生的辩证关系，要看到引进外资带来的一些问题，必须像孙中山先生说的那样“主权在我”，不能把现代化的希望完全寄托在外国人身上。

孙中山的实业计划经纬万端，涉及方方面面，而最强调的是发展铁路交通。他强调交通为实业之母，而铁路又为交通之母。辛亥革命后他希望十年内修建十万公里铁路，并为此而奔走，不遗余力。

孙中山的现代化方案不仅想到了建设兴利的一面，还想到了除弊防患的一面。在如何防止和对待建设以后产生的问题上，他看到了资本主义国家两极分化、贫富对立的现象，提出平均地权、节制资本和发展国家资本。尽管这些仍有很多局限性，也没有能够实现，但毕竟表明孙中山思想中的超前性及其倾向于社会主义的理想。也正因为他有这种思想倾向，所以他在晚年能和共产党合作，提出三大政策，把旧三民主义改造成为新三民主义。

三、会议十分重视研讨孙中山关于文化建设和思想道德建设的论述。孙中山曾说："吾觉欲收革命之成功，又有赖于思想之变化。"尤其在革命受到挫折以后，他深深体会到唤醒民众、建立健全国民人格的重要性。他在《建国方略》中把心理建设列为第一篇。他强调心性文明的重要性，心性文明实际上包括两个方面：一方面是文化科学知识。"知"在孙中山哲学思想中处在十分突出的地位。所谓"知难行易"，是针对当时社会上愚昧无知、迷信盲从，为了提倡科学、兴办教育、普及文化科学知识而提出来的。另一方面是道德。孙中山很重视道德，他说："大凡一个国家所以能够强盛的原故，起初的时候都是由于武力发展，继之以种种文化的发扬，便能成功。但是要维持民族和国家的长久地位，还有道德问题，有了很好的道德，国家才能长治久安。"他当时讲的"心性文明"，相当于今天讲的"精神文明"。他对物质文明和精神文明的关系，以及建设精神文明的重要性，已有很深入的理解。

孙中山看到了国民性格和行为中的一些弱点，也看到了中国传统道德中的优秀部分。他提倡爱国、合群、以天下为己任的精神，希望把被称为"一盘散沙"的老百姓变成团结有为、朝气蓬勃的公民，继承和改造旧道德，例如忠孝仁爱、信义和平，使古为今用，以之规范人们的思想行为，健全国民人格，使中国成为讲文明、重道德、有礼貌的国家。孙中山的这些思想内涵丰富，与我们当前建设社会主义精神文明的重大任务有密切关系，使我们倍感亲切。

孙中山先生还具有正确的中西文化观。他少年时到檀香山受过正规的西方教育，了解欧美国家的长处。他强调向外国学习，中国要赶上世界潮流必须"学欧美的长处，然后才可以和欧美并驾齐驱"，"对欧美文明必须采取开放态度"，但又强调对西方文明不能全部照搬。孙中山很熟悉并很注意汲取中国传统文化的优秀部分。他把自己的思想归结为两个来源，归结为中西文化的整合，一是欧美学说，一是五千年来中国的历史文化和传统。这次会议上有好几篇文章谈到古代民本思想和三民主义的关系，也有文章提出不同的意见，认为："在古代封建民本思想中，民不是主体，而是附庸。所谓爱民重民，是统治者的恩赐。孙中山的三民主义是民有、民治、民享，民是主体。"我认为这个看法有道理，孙中山三民主义中的民众是主体，不是依附，不同于古代民本中的民，但不可否认这两者之间又有继承关系，它们既有联系，又有区别。我想对思想史上的继承关系，都应该这样来理解，既不要把前后思想混为一谈，又要看到它们的联系。

此外，这次会议还涉及历史和现实的关系问题。孙中山先生是历史学界长期以来研究的热点，各方面的问题被很多专家反复地研究过，话似乎已经说得差不多了，但研究工作毕竟是不可穷尽的。这次会上提出了一些尚待深入探究的问题，如孙中山与农民、孙中山和日本的关系、孙中山对宗教的态度等。还有一些新的史料有待发掘，如最近公开的苏联藏共产国际档案中就有大量孙中山晚年活动的记载，英、法、德、日、美各国档案和私人信函、作品中也有很多史料，此外上海工部局档案中的史料也还没有被利用。由于时代的发展，研究者的视角不断变换，方法逐步改进，一些从前不受注意的问题会凸现出来，如近年来对孙中山《实业计划》、开放思想以及他对传统文化的态度等的研究。还有运用社会史方法、心态史方法对孙中山的研究，也会得出有意义的新成果。这次会议上还涉及历史学如何为现实服务的问题。我同意这样一种意见，即历史科学可以为也应为现实服务，它对现实的借鉴功能是十分重要的，所谓"以史为鉴，可知兴衰"。但研究历史必须实事求是，把历史当作客观进程，根据唯物史观，科学地对待它，不要满足于因现实需要而去随意寻找个别的历史例证，更不允许歪曲、篡改历史。利用纪念活动来研究历史，不失为推动历史研究的好形式，好处就在于一段时间内把许多学者、专家的注意力吸引到一个问题上，这有利于研究的深入。但要防止一种倾向，不要因纪念而故意拔高或讳言缺点和不足。这次讨论孙中山就做得很好，既充分肯定了他的丰功伟绩，肯定了其思想的丰富性、先进性，也讲到了他的局限性和缺点。这并不是苛求前人，而是为了更全面、更科学地理解孙中山，更实事求是地评价他伟大的一生。

孙中山先生逝世几十年了，他没能看到中国革命的胜利，更来不及看到今天中国社会主义现代化建设的伟大成就。孙中山一生为之奋斗的现代化理想正在中国大地上逐步实现，我们今天的事业正是孙中山等老一辈革命家为之奋斗的事业，他们的功绩、他们的思想值得我们永远怀念、永远学习，并将变成推动我们继续前进的强大动力。

五四运动

五四运动的光辉道路*

一场伟大的社会变革，必有思想解放为之先行。当社会变革的各种因素迅速积聚，变革的形势逐渐形成，先进之士会敏锐地感觉到变革运动即将来临，他们便会为之奔走、为之呼号，向着妨碍变革的旧思想、旧势力发起进攻，摧毁之、廓清之。这种思想战斗进行得越坚决、越彻底，社会变革就越容易开展，越容易广泛深入。1789年的法国大革命为什么能获得横扫欧洲中世纪堡垒的伟大战果？其重要原因之一就是在大革命到来以前，法国发生了强大而持久的思想启蒙运动，一批先进思想家如伏尔泰、狄德罗、卢梭、爱尔维修等抨击专制制度，反对旧教会，反对封建压迫和迷信专断，在群众中播撒理性精神和自由民主的思想种子，法国大革命因此才能结出丰硕的成果。

1919年的中国，正面临着一场伟大的社会变革。

一、五四新文化运动是为中国社会变革做思想准备

中国的辛亥革命是一场轰轰烈烈的资产阶级民主革命，它推翻了清政府，结束了延续2 000多年的封建君主专制制度。但是，革命的兴起很迅猛短促，思想准备不充分，与帝制相适应的经济基础和上层建筑并未被触动，造成帝国主义和封建主义仍统治着中国，政治上的专制、腐败、黑暗依然如故，人民的贫困、落后、愚昧依然如故。故袁世凯得以称帝，张勋借此复辟，军阀连年混战，反动派

* 原载《人民日报》，1999年5月4日。

提倡尊孔读经，组织孔教会，欲以腐朽的封建纲常伦理作为治国的根本。一时社会上黑云压城，乌烟瘴气。先进分子为之痛心疾首，他们关心和考虑的主要问题是：中国的出路何在？怎样才能挽救被侵略、受压迫的中国？以陈独秀为代表的一部分激进的民主革命派认为，辛亥革命之所以没有成功，只挂起了一块“中华民国”的招牌，就是因为没有一次思想上的革命。他们决心投身于思想领域的战斗，呼唤新的社会变革运动的到来。他们进行战斗的口号有两个，就是“民主”和“科学”，即“德谟克拉西”（Democracy）和“赛因斯”（Science）。陈独秀说：“西洋人因为拥护德、赛两先生，闹了多少事，流了多少血，德、赛两先生才渐渐从黑暗中把他们救出，引到光明世界。我们现在认定，只有这两位先生，可以救治中国政治上、道德上、学术上、思想上一切的黑暗。若因为拥护这两位先生，一切政府的压迫、社会的攻击笑骂，就是断头流血，都不推辞。”可见，陈独秀等人进行这场思想革命的态度是十分坚决的。

1915 年创刊的《新青年》是新文化运动的喉舌，它对提倡三纲五常、尊孔读经的旧势力进行了猛烈抨击。五四时期的战士们指出，传统的伦理道德、儒家的纲常名教与现代生活格格不入，此类封建教条形成于古代封建的农业社会，已成为束缚中国人的思想枷锁，必须粉碎。今天的人格应该是独立自主的。“一切操行、一切权利、一切信仰，唯有听命各自固有之智能，断无盲从隶属他人之理。”五四前期，陈独秀还是一位民主主义者，信奉法兰西的模式，强调自由、平等。他认为，辛亥革命之所以未能成功，是因为缺少意识形态的大变革，因而封建思想普遍存在于国中，“所以我们要诚心巩固共和国体，非将这班反对共和的伦理文学等旧思想，完全洗刷得干干净净不可。否则不但共和政治不能进行，就是这块共和招牌也是挂不住的”。陈独秀认为，儒家的伦理道德是“别尊卑、明贵贱”的“奴隶的道德”，只对少数君主、贵族、统治者有利，和民主、共和背道而驰。他热情歌颂“法兰西文明”，对民主和自由十分憧憬，坚决反对封建专制及其精神支柱——传统伦理道德。“对于与此新社会、新国家、新信仰不可相容之孔教，不可不有彻底之觉悟、猛勇之决心，否则不塞不流，不止不行。”但是，儒家伦理精神的影响深远日久，积淀于人们的行为模式、思想方法、立身处事之中，凝集成积久难化的国民性格。陈独秀、鲁迅等十分重视改造旧的国民性格。陈独秀说，伦理问题“此而不能觉悟，则前之所谓觉悟者，非彻底之觉悟，盖犹在惝恍迷离之境。吾敢断言曰：伦理的觉悟，为吾人最后觉悟之最后觉悟”。

其他像李大钊、吴虞、鲁迅等都激烈反对封建礼教、儒家伦理。李大钊说，孔子是“历代专制之护符”；吴虞指出，“儒家以‘孝’、‘悌’二字为两千年来专制政治与家族制度联结之根干，而不可动摇，其流毒诚不减于洪水猛兽矣”；鲁迅则在《狂人日记》中借着“狂人”的口，愤怒地揭穿了延续几千年的封建礼教的真面目。

这种描写振聋发聩，石破天惊，唤醒了千万青年从封建思想中解放出来。

五四的战士们反对儒家学说，锋芒甚锐，凌厉无比，但他们并不是对孔子学说一概否定。被称为“双手打倒孔家店”的激烈反孔者吴虞曾说：“不佞常谓孔子自是当时之伟人，然欲坚执其学以笼罩天下后世，阻碍文化之发展，以扬专制之余焰，则不得不攻之者，势也。”当年的思想家们面对着长期统治中国的儒家思想这一庞然大物，不进行迅速而强有力的攻击，则新思想不能占领阵地，民主与科学也不能生根。他们在抨击儒家思想时，有的话可能说过了头，在激烈的搏战中，一刀一枪并非都能击中要害，这是在总的正确方向下表现出的某种片面性，这种缺点在当时的历史条件下是可以理解的。我们不应苛求五四时代的先进思想家对丰富复杂的传统文化都能进行恰如其分的分析、评价，因为这是需要长期细致的研究才能做到的。

和民主相伴随的是科学。中国封建社会中，科学得不到发展，人民受不到教育，普遍缺乏科学文化知识，这是阻碍中国进步的重要原因之一。在辛亥革命以后，各种封建意识卷土重来，甚嚣尘上，社会上流行着祭天、请神、祀鬼、修仙、扶乩的风气。有人组织灵学会，出版《灵学丛志》，研究人鬼之理、仙佛之道以及立身修养的种种要义，还胡说什么“灵学者，即谓之圣学可也”，“鬼神之说不张，国家之命运遂促”等狂言。

五四时期的先进思想家对这种装神弄鬼的现象进行了口诛笔伐，揭露其骗局。陈大齐说，绝诗、律诗始于唐代，而乩坛上的先秦诸子居然能作七绝、七律；草书始于东晋，而乩坛上的孟子居然大写草书。这是乩坛上骗子们露出的马脚。易白沙举出历史上王充、范缜的无神论，驳斥灵魂之说。陈独秀撰写《有鬼论质疑》，提出许多有鬼论者无法回答的问题。鲁迅则一针见血地指出有鬼论与科学的对立：“现在有一班好讲鬼话的人最恨科学，因为科学能教人道理明白，能教人思路清楚，不许鬼混，所以自然而然的成了讲鬼话的人的对头。”

什么是科学？当时的科学家任鸿隽回答：科学要研究事实，“以发明未知之理”，“唯其要研究事实，所以科学家要讲究观察和实验”。他批评中国的文化“只在文字上做工夫”，不如西方科学“在事实上做工夫”。五四时代的先进思想家提倡科学，赞美科学，认为科学能使社会进步。陈独秀说：“我们相信尊重自然科学、实证哲学，破除迷信妄想，是我们现在社会进化的必要条件。”

五四运动为中国近代科学事业的进一步发展扫清了道路。当时的留美学生赵元任、任鸿隽、杨铨、胡适等在美国发起组织了中国科学社，其宗旨是“联络同志，研究学术，共图中国科学之发达”，并创办了《科学杂志》。1918 年中国科学社从美国迁至国内。这是中国第一个科学家团体。这时正值五四新文化运动勃兴，提倡科学的呼声响彻全国各地，中国科学社在短短几年内有了很大的发展，至 1922 年社员发展到 500 余人，遍布国内 17 个省，都是“受专门高等教育，或在社会上办事著有成绩之人”。我国第一代科学人才在五四运动时期蔚然兴起。

五四时期，在提倡科学、民主的同时，又掀起了白话文运动。1917 年，胡适写了《文学改良刍议》，主张废弃文言文，使用白话文，提出写文章应通顺流畅，不用典故，不用套语，不讲对仗，不避俗话，讲究文法，不模仿古人，要言之有物。他说：“先要做到文字体裁的大解放，方才可以用来做新思想新精神的运输品。”接着，陈独秀发表《文学革命论》，主张“推倒雕琢的阿谀的贵族文学，建设平易的抒情的国民文学；推倒陈腐的铺张的古典文学，建设新鲜的立诚的写实文学；推倒迂晦的艰涩的山林文学，建设明了的通俗的社会文学”。

文学革命的号召顺应时代的潮流，得到了广泛的响应。《新青年》从1918年1月改组以后，全部刊载白话文，不再刊载文言文。文体的改革实际上不仅涉及文体形式，也涉及文章内容的问题。文章的形式和它所反映的内容是分不开的，传统的文言文难以反映现代生活，难以准确表达民主和科学的思想内容。因此，随着五四新文化运动逐渐深入，文体改革就不可避免地被提上了日程。白话文运动使文字和语言归于一致，改变了长期以来语言和文字相脱离、相割裂的现象，白话文更容易为广大群众所接受，故五四以后，白话的报纸杂志如雨后春笋，逐步取代了文言文的报纸杂志。当然中国的文言文有几千年演变的历史，古代历史文化遗产均以文言文为载体，学习和继承历史文化遗产必须了解和精通文言文，但现实生活中，以白话文代替文言文，以明白晓畅的大众化语言代替佶屈聱牙的古文，这是历史和文化的伟大进步。

二、五四运动揭开了中国新民主主义革命的序幕

五四运动是一场提倡民主、科学的新文化运动，又是一场反帝反封建的爱国运动。第一次世界大战后，在巴黎和会上帝国主义进行分赃，弱肉强食，中国虽名义上是战胜国，但却受日本的欺压，丧失了在山东的许多权利。这一消息传回国内，舆论大哗，群情激愤。北京的学生们首先在天安门集会游行，高呼“外争国权，内惩国贼”的口号，全国各地的学生、工人、商人纷纷响应。五四爱国运动规模浩大，影响深远，以彻底的反帝反封建的精神揭开了中国新民主主义革命的序幕。

新文化运动和五四爱国运动先后发生，平行发展，并且相互交汇融合。两者的融合使文化变革得以深入人心，也使爱国运动更加波澜壮阔，形成持久而声势浩大的群众斗争。这时，俄国十月革命已经爆发，世界上第一个社会主义国家刚刚诞生，使得正在探索拯救中国方案的先进分子翘首北方，把希望寄托在社会主义上。当时，李大钊写下了《布尔什维主义的胜利》《新纪元》等文章，讴歌十月革命是“世界人类全体的新曙光”，是“二十世纪革命的先声”，并指出十月革命所开辟的“新纪元”将“带来新生活、新文明、新世界”，中国应该沿着十月革命开辟的道路前进。

这样，中国人民企慕十月革命，选择了俄国的道路。中国的先进分子如饥似渴地学习马克思列宁主义，恪信它是唯一的救国真理。五四运动向着纵深发展，从弘扬民主和科学精神到促进马克思主义的传播，为中国共产党的建立做了思想上和干部上的准备。

三、中国共产党人是五四精神的继承者和弘扬者

中国共产党成立后，领导了中国的反帝反封建民主革命，把这场伟大斗争引向胜利，成立了中华人民共和国，初步建立了社会主义制度。党从诞生之日起，长期处于白色恐怖和战争环境中，在十分艰难的条件下，为倡导民主、科学进行了不懈的努力。党在建立初期，努力唤醒工农、组织工农，把马克思主义和工人运动相结合，在各地设立工人学校和农民运动讲习所，对工农大众进行革命教育和文化启蒙。党一直以发动群众、依靠群众为工作指针，大力发扬民主和科学精神。在内战和抗日战争时期，根据地内实行土地革命、二五减租、民主建政，抵抗帝国主义，削弱和限制封建主义。新中国成立以后，在全国范围内实行了旨在消灭封建剥削的土地改革，又颁布《婚姻法》，保障妇女的权利。1954 年诞生了新中国第一部宪法，规定了人民享有广泛的民主自由。尽管中国共产党领导全国人民为实行民主、发展科学做了大量工作，取得了极大成绩，但由于

中国经历了十分漫长的封建社会，又受帝国主义统治多年，封建残余势力十分顽固。尤其是在经济、文化还很落后的情况下，封建残余的影响还不可能很快消失。在“文化大革命”中，封建主义一度沉渣泛起，林彪、“四人帮”宣扬封建迷信与个人崇拜，他们践踏民主，抛弃科学，披着马克思主义的外衣，实行封建法西斯专政，使得人民和国家遭殃。这一沉痛的教训，值得永远记取。

十一届三中全会以来，拨乱反正，批判了林彪、“四人帮”的封建遗毒，在邓小平的领导下，制定了正确的路线、方针，实行了改革开放。社会主义建设的成绩伟大辉煌，有目共睹。我们深深感到弘扬五四精神、发展民主和科学的重要性。民主是我们国家政治生活的重要内容，人民当家作主，有参与政治、发表意见的自由，没有民主就没有社会主义，经济改革必须与政治改革协调进行。邓小平说：“就国内政策而言，最重大的有两条，一条是政治上发展民主，一条是经济上进行改革，同时相应地进行社会其他领域的改革。”科学技术则是实现四个现代化的关键。科学技术是第一生产力，现代化建设能否搞得更好更快，要看科学技术的发展，科教兴国是根本国策。邓小平说：“中国要发展，离开科学不行。”

但是，在中国这样一个人口众多的大国，要实现民主、发展科学，不可能一蹴而就，需要进行非常艰巨而长期耐心的工作。民主并不能招之即来，科学也不能在一夜之间就拔高，实现民主和发展科学需要人民群众总体素质的提高。民主需要有制度做保证，需要有操作的程序和监督的机制，需要有健全的法制，民主和法制不可分。只有坚持民主精神才会有健全的法制，而日益完备的法制建设能够保证社会主义民主的实现，这一切都需要长期努力和精心培育。在中国的土地上要广泛实行民主，必须与中国的传统和国情相适应。今天人民代表大会制度的日益完善和法制工作的进展，正是实现更广泛民主的途径。

科学的提高更和教育相联系。中国近代科学的诞生比西欧晚了几百年。近代中国深受科学不发达之苦，文盲遍地，迷信流行，落后的风俗习惯影响着中国的许多地方。要克服愚昧迷信，发展科学技术，必须长远规划，普及教育，尊重知识，爱惜人才，破除落后的风俗习惯和根深蒂固的封建意识，重视高、精、尖科学技术。要破除非科学的思想，提高科技水平，只能通过发展社会主义的经济、政治、文化，提高社会文明的程度来解决。

今天纪念五四运动，发扬民主和科学精神，就应当踏踏实实，埋头苦干，艰苦奋斗，热爱祖国，抓好社会主义物质文明和精神文明建设，使全体人民既富有当家作主的民主意识，又富有实事求是的科学精神。

五四运动与传统文化*

1919 年，中国的天空满布阴霾。辛亥革命的胜利果实被窃取，袁世凯、段祺瑞等军阀势力统治着中国。日本帝国主义趁第一次世界大战之机，加紧侵华。封建主义的文化思想仍支配着神州大地，禁锢着人们的头脑。这时，一声春雷，爆发了五四运动，先进知识分子与青年学生率先点燃爱国救亡和思想启蒙的火炬，披荆斩棘，探寻救国救民的真理。他们如饥似渴地引进西方的各种理论、学说，批判儒学，反对旧礼教、旧八股，追求民主和科学，对几千年封建传统文化进行猛烈的抨击，开拓了中国革命文化发展的新纪元。

一、中国的传统文化

中国是个历史悠久、具有灿烂文明的国家。传统文化根深叶茂，源远流长，内涵十分丰富，既有精华，也有糟粕。中原地区在几千年之前进入农耕社会，自给自足的小农经济占优势，农民分散在广阔的土地上，辛勤劳动，备受地主阶级的剥削，虽有一定的社会分工与交换，但商品经济很不发达。在民族性格上，既有勤劳、朴实、坚韧的一面，也有保守、愚昧、散漫的一面。中国在政治上长期维持着封建大一统的局面，专制政府和官僚机构凌驾于民众之上，形成层层控制的严密结构。因此，中国古代文化留下了深刻的“官本位”烙印，政治与文化、帝统与道统密切结合。在古代士大夫身上存在着严重的依附性和不独立性，但在这统一的整体结构中，他们

---

* 原载《历史的选择》，济南，山东大学出版社，1990。

更多地关注集体的生存，培育了他们的参与意识、忧患意识、民族尊严感。中国盛行宗法家族制，家庭意识十分强烈，纲常伦理是天经地义的准则。这就形成了以家庭为细胞的强韧的民族凝聚力，发展了人际关系中敬老尊长、扶弱恤贫的美德，但同时也存在着违背人情的野蛮落后的父权、夫权观念。中国处在亚洲东部，东、南面临汪洋大海，西、北多沙漠草原，西南多高山密林，和世界上的其他文化中心相距较远。在生产力和运输能力尚不发达的古代，这一地理环境是与外部世界交流的巨大障碍。因此，中国发展了具有鲜明特色的古代文化体系，和欧洲、阿拉伯、印度的文化明显不同。中国自古以来是个文化输出国，亚洲毗邻国家和地区处在中国的文化磁场之内，深受影响，中国形成了强烈的自我中心意识。中国的封建统治阶级自以为文明声教高出于全世界，闭关自守，故步自封，不愿也不屑和外国交往，直到鸦片战争时，中国的统治者仍虚骄自大，自我封锁，在天朝上国的迷梦中酣睡。

总之，中国的封建传统文化植根于自己的土壤中，自成一种文明体系，适应自己的环境和条件，能够应付来自农业社会的种种挑战，顽强地维持自己的生命和活力。详细而具体地分析中国古代传统文化各个方面的特点，应该是许多学科领域专家们分工合作、长期努力的重大课题。在这里可以提出的是：每一种文化体系都是一个生长着的有机体，都是一种生命力的表现，各有其产生、发展、中衰、复兴、死亡的过程，都有自己区别于其他文化的知识结构、思维方式、价值取向、审美观念、符号体系，都包含着丰富多彩的知识内容和文化要素。这一切都是人们在不同时代、不同地区改造世界与发展自身所取得的文明成果的积淀，都有其真、善、美的方面，也有其假、恶、丑的一面。对任何国家、民族的传统文化都需要进行长期的研究和细微的分析，脱离其生成的历史条件，简单地对其绝对肯定或绝对否定，都是不慎重的、不可取的。

中国古代文化有长期发展的历史，表现出能够适应环境的强大生命力。它最早以黄河流域和长江流域为中心而形成，不断吸收其他地区和其他民族的文化，包括北方游牧民族、南方山地民族的文化，逐渐丰富、充实。它也像大河、大江一样，汇集百川，吞纳众水，浩浩荡荡地奔流，时间越长久，包含融合的文化品种越多样，涵盖和辐射的区域越广大，汪洋浩瀚，千姿百态，蔚为壮观。

中国古代文化以儒家文化为主干。儒学，经过 2 000 多年的演化、锤炼，具有严整的体系、丰富的内容、精细的论证和推理。它的影响既普遍深入，又持久不衰，不仅支配着历代朝廷的统治者、决策者，而且影响到中国社会各个角落以及士、农、工、商各个等级阶层。儒家的观念形态、伦理准则塑造了世世代代的中国人，规范和制约着他们的思想、言论、行动以至性格特征和深层心态。要研究中国和中国人，必须研究儒家文化。

儒家文化不是单纯不变的事物。它在长期的历史发展中饱历风霜，几经变化，其原型和后来的变型已大不相同。春秋战国时代，以孔子、孟子、荀子为代表的儒家，传述经典，修习六艺，传扬仁义，是当时百家争鸣中被称为“显学”的一家。到了汉代，儒家吸收了道家、法家的某些思想内容，受到政府的尊崇，立在学宫，经过今文学派董仲舒，到古文学派郑康成，出现了恪守师说、注经释经、与政治紧密结合的汉代经学，使儒学成为封建专制国家的官方意识形态。以后又屡经沧桑，经历了魏晋南北朝、唐宋元明，吸收了域内各民族文化和域外佛教文化，产生了程朱陆王的新儒学，即精深细密、强调思辨、标举性理的宋明理学。它既受佛学的影响，又与佛学相对立。理学统治封建社会后期中国的思想界数百年之久，影响极为深远。明清之际，随着经济和社会的变动以及西方文化的传入，产生了具有某些民主思想萌芽和科学务实色彩的新思想、新学派。2 000 多年来，作为中国传统文化主干的儒学不断发展，经常改变其具体形态。

应当指出的是：中国封建社会历史的变迁没有打破小农经济的格局，传统文化历经冲击、震荡，做出一定的反应和变化，随之仍然在旧的体系内得到了新的平衡。中国传统文化的坚韧性根源于中国社会经济结构的稳定性，如果没有经济结构的根本变化，没有社会生活和阶级构成的重大进步，要破除根深蒂固的儒家思想传统是不可能的。

二、近代中西文化的冲突

1840 年鸦片战争，外国侵略者用大炮轰开了中国的大门，使中国逐步地变为半殖民地半封建社会。中国失去了许多国土、主权、利益，人民生活在水深火热之中，中国的传统文化遭遇到前所未有的挑战。欧风美雨带来了船炮机器、工厂铁路、声光化电，带来了进化论、物竞天择、商战、民权、立宪、共和。西方传来的新思想、新观念迅速传播，和以儒家为主干的中国传统文化体系格格不入，产生了严重的冲突。许多人做过中西文化的研究，评论两者的优劣得失。如果抽象地议论，那么，各种类型的文化各有其生成的根由，各有其精华和糟粕，都可以一一指陈其成就和局限。但是，如果放在历史的长河中考察，那么各种文化自有其特点和性质的不同，有先进和落后的差别。哪一种文化能够适应并服务于现实生活，便能够争得存在和发展的权利。鸦片战争以来的历史实践已经清楚地表明：中国传统文化的整个体系产生于封建的农业社会，不适应近代社会的需要，在以大工业生产为基础的近代世界中没有竞胜的能力。中国必须开放，大量引进西方的物质文明和精神文明，在破除传统文化体系的同时，吸收中国和西方文化中有价值的部分，在新的基础上建构新的文明大厦。中国近代的先进分子，从林则徐、魏源、洪秀全开始，经过康有为、谭嗣同、梁启超、严复、孙中山、章太炎，直至五四时代的陈独秀、李大钊、鲁迅、毛泽东、蔡和森、周恩来，都在向西方学习，都在中国旧文化衰落、新文化诞生过程中艰苦探索，寻求救国的真理。

文化是经济、政治的反映，并将给经济、政治以巨大的反作用。文化将随着经济、政治的改变而改变。鸦片战争之后，中国社会生活发生了翻天覆地的变化，文化领域内也掀起阵阵波澜。由于中国的传统文化深入人心，它尽管已不适应国家和民族的生存需要，但却在很长时间里仍支配着人们的思想和行为。近代史上的每一步改革都遭到了传统力量的强烈抗拒。当洋务派引进外国的枪炮机器、轮船火车、纺织矿冶等器物文化，企图改变中国的经济局面时，顽固派讥之为“奇技淫巧”“用夷变夏”。洋务派不能做出正面回答，而举着“中学为体，西学为用”的旗号，声称引进器物文化正是为了保卫中国固有的文化，为自己不敢违背圣贤之道辩解。张之洞说：“其心圣人之心，行圣人之行。以孝悌忠信为德，以尊法庇民为政。朝运汽轮，夕驰铁路，无害为圣人之徒也。”[①] 戊戌变法时期，维新派要求君主立宪，在政治方面实行改革，但他们同样不敢违背传统的儒家学说，反而打起“尊孔”的旗子，把孔子打扮成变法改制的圣人。康有为尊儒学为“国教”，说“惟有孔子，真文明世之教主”，今所编撰，“特发明孔子为改制教主，六经皆孔子所作，俾国人知教主，共尊信之。皇上乙夜览观，知大圣之改制，审通变之宜民，所以训谕国人，尊崇教主，必在是矣”[②]。维新派要求中国实现近代化，却一心要在孔子的门下找荫庇，灵魂深处仍保存着与近代化格格不入的儒学世界观。孙中山自幼接受西方教育，受儒学的影响较小。他领导的民主革命的矛头指向清政府，提出“驱除鞑虏，恢复中华，建立民国，平均地权”的纲领，并没有正面反对儒学和传统文化。有些同盟会会员甚至标榜传统的“华夷之辨”以及恢复汉家衣冠，以增强反满的号召力。所以，有人说孙中山“一方面主张恢复固有的道德与智能，一方面主张学外国之所长，是为国粹与欧化的折中”[③]。自鸦片战争以来，中西文化的冲突日益尖锐，但直到清朝灭亡后，国人还没有对统治中国 2 000 多年的封建儒学进行正面的、系统的批判。这是由于近代的反帝反封建斗争此起彼伏，十分激烈，人们把注意力集中在当时迫切的政治问题上，无暇顾及比较隐蔽而又影响深远的文化传统问题。并且，封建儒学有着强固的根基，长期盘踞在大多数知识分子和人民的头脑中，维持相当的权威和影响力。因此，直到五四以前，文化领域的斗争虽然相当猛烈，

---

① 张之洞：《会通》，《劝学篇·下篇》。

② 康有为：《请尊孔圣为国教立教部教会以孔子纪年而废淫祠折》。

③ 蔡元培：《中华民族与中庸之道》。

但仍属于前哨战、外围战，而非攻坚战。辛亥革命推翻了清政府，旧的封建专制主义的政治中心倒塌了，这是民主革命的伟大胜利，但是，长期依附于封建政治的旧文化并未销声匿迹，它的游魂到处飘荡。袁世凯演出帝制丑剧，请来儒家，祭天祀孔；一些清朝遗老建立孔教会，在读经复古声中大做复辟梦。封建儒学与专制帝制相表里，不批判旧道德、旧文化，它必定会再次成为复辟的护符，不但革命不能向纵深发展，甚至已取得的革命成果也会化为乌有。新旧文化的冲突有着深刻的原因，已经历很长时间，郁积既久，其发必烈，文化领域的决战是不可避免的。就像陈独秀所说："政治界虽经三次革命，而黑暗未曾稍减，其原因之小部分，则为三次革命皆虎头蛇尾，未能充分以鲜血洗净旧污。其大部分，则为盘踞吾人精神界根深蒂固之伦理、道德、文章、艺术诸端，莫不黑幕层张，垢污深积，并此虎头蛇尾之革命而未有焉。此单独政治革命所以于吾之社会，不生若何变化，不收若何效果也。"① 既然单独的政治革命因意识形态的阻力而不能进行到底，那就必定会开辟文化领域的新战场。一批思想启蒙战士应运而生，披挂上阵，以排山倒海之势、雷霆万钧之力，冲击传统文化的堤防，锋芒直指儒家的伦理观、价值观以及孔子本人。陈独秀说："忠孝节义，奴隶之道德也"②，"民主共和的国家组织、社会制度、伦理观念和君主专制的国家组织、社会制度、伦理观念全然相反。一个是重在平等精神，一个是重在尊卑阶级，万万不能调和的。"③ 李大钊说："孔子者，数千年前之残骸枯骨也"，"历代帝王专制之护符也"④。鲁迅在《狂人日记》《我之节烈观》《随感录》中痛斥旧礼教和所谓"仁义道德"，鞭挞儒家所倡导的父权、夫权。吴虞说："孔二先生的礼教讲到极点，就非杀人吃人不成功，真是残酷极了。"⑤ 钱玄同、刘半农反对封建迷信，抨击乌烟瘴气的灵学与扶乩术。胡适提倡白话文，作白话诗，标举文

---

① 陈独秀：《文学革命论》。

② 陈独秀：《独秀文存》，3页，合肥，安徽人民出版社，1987。

③ 陈独秀：《旧的思想与国体问题》。

④ 李大钊：《孔子与宪法》。

⑤ 吴虞：《吃人与礼教》。

学革命，要求对文化媒介和传播工具进行改革，“先要做到文字体裁的大解放，方才可以用来做新思想新精神的运输品”。五四时期，这些知识分子的思想，虽有急进、缓进之分，以后更有进一步的分化和转向，但当时他们都站在民主和科学的旗帜下，对传统文化进行口诛笔伐。他们反对纲常伦理，要求尊重个性；反对盲从古人，提倡独立思考；反对传统的权威，要求“用自己的话写自己的主张”。五四运动对数千年之久的封建主义文化的马厩进行了一次大清扫，为中国新文化的建设奠定了基础，其伟大的历史作用应该充分肯定。

三、评价五四新文化运动中的若干问题

五四运动已经过去多年了。人们在经历多年沧桑巨变的同时，经常回顾这场伟大的运动，对它的是非功过进行评价，出版或发表了许多著作和文章，其中有很多真知灼见，对五四新文化运动的发生、发展及意义做出了深刻的阐发。但至今，处在改革开放的大潮中，对五四运动进行反思，仍有许多问题值得进一步研究和探讨。

五四运动激烈反对传统文化，当时的思想战士是不是态度偏激，感情用事？是不是完全摒弃传统文化，对传统一味进行非理性的、无意义的破坏？

五四运动确有片面性。早在新中国成立前，毛泽东就说：

> 五四运动本身也是有缺点的。那时的许多领导人物，还没有马克思主义的批判精神，他们使用的方法，一般地还是资产阶级的方法，即形式主义的方法。他们反对旧八股、旧教条，主张科学和民主，是很对的。但是他们对于现状，对于历史，对于外国事物，没有历史唯物主义的批判精神，所谓坏就是绝对的坏，一切皆坏；所谓好就是绝对的好，一切皆好。这种形式主义地看问题的方法，就影响了后来这个运动的发展。①

① 《毛泽东选集》，2版，第3卷，831～832页，北京，人民出版社，1991。

在近代历史上，作为传统文化主干的儒家思想早已是社会进步和革命发展的障碍，因此，五四时期先进分子对其进行激烈的批判是势所必至、理所当然。在批判中发生某些形式主义的缺点也是可以理解的。因为，他们不是在书斋中慢条斯理地进行研究，而是处在战斗的环境中，面对着长期统治中国的儒家思想这个庞然大物，面对着尊孔复辟派的反动叫嚣和倒行逆施，不进行迅速的、强有力的攻击，新思想、新文化就不可能占领阵地，站稳脚跟。当时的领导人还没有掌握科学的思想武器，去正确分析中国的历史和文化，而是以强烈的愤慨补充了理论准备之不足。他们攻击的方向是正确的，态度是坚决的，但一刀一枪并非都能击中对方的要害。评判任何一种战斗，只能综论其全局的胜负得失，而不能斤斤计较局部的失利或误伤。五四新文化运动的功绩在于它对旧文化、旧教条的不妥协性，我们不应当要求它对丰富复杂的中国传统文化进行全面深入、恰如其分的评价和分析，因为这是需要长期细致的研究才能做到的。

尽管五四时期先进分子对传统文化的批判言辞锋利，十分激烈，但思想文化领域的任何激进主义者都不会同自己的先辈一刀两断，全部决裂。人生活在一定的社会环境和文化氛围中，总要受传统的教育和熏陶。每一个人都属于某种文化，是这种文化塑造的，不可能完全脱离自己成长的土壤，不可能离开传统，正如拔着自己的头发不能够离开地面一样。先进思想家可以和传统文化的核心部分进行激烈的、不调和的战斗，却仍必须利用先辈们遗留下来的许多理论观点和思想资料，不可能在一切方面和昨天宣战。五四时期反传统的战士其实都受过充分的传统教育。他们熟读经书，精通儒家学说，而又留学国外，涉猎西学，可谓学贯中西，通晓古今，知识渊博。一方面，他们认定儒学作为占主导地位的意识形态，不能适应近代社会的要求，因而对之进行了激烈的批判；另一方面，他们并非没有认识到传统文化中蕴藏着珍贵的宝藏，需要发掘、继承。如李大钊对中国社会经济史的阐明，鲁迅开展中国小说史的研究和校辑古籍，胡适整理国故并在哲学史和小说考证方面做出成绩。还有稍后的郭沫若、瞿秋白、茅盾、郑振铎、顾颉刚、傅斯年、罗家伦等，都曾潜心研究中国历史或中国文学而做出了贡献。从他们毕生的学问和事业看，说他们摒弃了中国传统文化是不合乎事实的。

五四运动的另一个巨大功绩就是彻底反对帝国主义。运动的爆发就是由于中国在巴黎和会上遭到列强的欺压凌辱。五四中提出“外争国权，内惩国贼”的口号，恰好是继承和发扬爱国主义传统的表现。中国人民一直具有反对异族入侵的优良传统，特别在近代史上，中国人民为反对帝国主义侵略而英勇战斗，前仆后继，正是这一爱国主义传统使中华民族在危急关头团结、凝聚在一起，全力反对外来侵略，使帝国主义不可能瓜分和灭亡中国。五四运动继承了这一爱国主义传统，并使启蒙和救亡相结合，掀起了波澜壮阔的群众运动。可见，五四运动虽然激烈批判了传统儒学，但并没有全部否定传统，反而把传统中的爱国主义精神发扬到新的高度。

反帝与反封建、救亡与启蒙，这是五四运动的两大任务，其相互关系如何？五四运动以后爱国救亡与政治革命风起云涌，延绵不断，成为历史的主旋律，这会不会掩盖和压抑了启蒙运动的发展？是不是使五四前后的新文化运动出现了断裂？民族生存和夺取政权的紧迫任务是不是压倒了个人对自由、平等、民权等理想的追求，因而使启蒙的任务长期没有完成？思想启蒙与革命救亡是否产生了矛盾？

事实上，革命救亡与思想启蒙是历史发展进程中不可分离、相互促进的两个方面。一切思想启蒙都和政治革命、社会改造相伴随。思想启蒙的根本目的是唤起群众、改造社会、拯救国家。而革命救亡也必须以群众的觉醒和奋起为前提。因此，启蒙必然在一个具体的历史环境中展开，必然和当时的政治任务相结合。18 世纪法国的启蒙运动导致了颠覆欧洲封建制度的一场大革命，而中国戊戌前后的启蒙运动也与变法维新的政治浪潮相伴随，从来没有仅仅停留在书斋中、完全脱离社会改造的、抽象的思想启蒙。从中国的情况来看，思想启蒙长期在救亡和战争的环境中进行。严峻的客观现实自然不容许当时中国实施正规的义务教育，也不可能使中国有更多的经费和更完备的文化教育设施。一切因陋就简，文化启蒙的内容、形式和规模都要受历史条件的制约，但绝不能把启蒙任务未能完成的原因归于救亡和革命。恰恰相反，思想启蒙必须在爱国救亡和政治革命中寻找动力，逐步展开。五四运动之前，思想斗争已由为《新青年》杂志撰稿的少数作者所发动，但影响还不大，正是因为五四运动，全国的青年学生、工人、市民进行游行示威，发出爱国救亡的呼声，同时也把思想启蒙的成果大大地发展推广。救亡与启蒙联袂前进，相得益彰，在全国造成了如火如荼的轰动效应，可见两者是相互促进，而非矛盾对立的。

至于自由、平等、民权，确实是中国人民的理想和追求。但救亡和革命正是为了争取个体的生存，保障个人的自由、平等和民权。如果国家主权和民族生存受到威胁，那么就谈不上个人的任何权利。因此，从根本上说，救亡和革命不会压抑个性的发展、抹杀个体的价值，而正是为实现自由、平等和民权开辟了可能性。

的确，五四运动思想启蒙的任务并没有完成。至今，民主和科学仍然是我们要努力争取的目标。为什么中国思想启蒙的路程这样漫长而艰巨？五四运动是不是破坏太多，建树太少？它的主要功绩表现在哪里？

诚然，五四运动只是思想启蒙的开始。五四以后，愚昧、迷信、专制主义依然统治着中国。思想启蒙本来就是长期任务，在西欧花费了从文艺复兴到18世纪的几百年时间。在中国这样一穷二白的大国，要完成启蒙任务，建设高度文明的国家，必须依靠全民族世世代代的艰苦努力。我们本来就不能指望在五四运动的短暂时期解决这一根本问题。但五四运动在思想文化领域并非无所建树，它的巨大功绩是传播了马克思主义，在激烈批判了传统的儒学以后，人民选择了马克思主义的科学理论作为观察世界、分析中国、改造社会、推动革命的思想武器，从此揭开了中国共产党领导下的新民主主义革命的序幕。

五四运动以前，陈独秀创办《新青年》时所揭櫫的是法国资产阶级革命中自由、平等、博爱的口号，仍想在中国建立资产阶级共和国。但第一次世界大战的爆发，使帝国主义世界的矛盾充分暴露，以前曾经非常具有吸引力的资产阶级理性王国竟把人类推入大规模相互残杀的绝望境地。因此，资产阶级理性王国失去了诱人的光彩。十月革命的胜利，犹如一声春雷，震惊了世界和中国，俄国的工农大众首先挣脱锁链而站立起来，这给长久处在沉重压迫下的中国人民树立了榜样，鼓舞起信心。五四运动中，传统的封建思想遭到批判，思想界释放出巨大的能量，形成生动活泼、蓬勃进取的新局面，外国的各种思想纷纷传入中国，理论繁多，学派林立，使人眼花缭乱，对青年们具有很大的吸引力。当时，人们在摆脱了传统儒家思想的束缚后，无所拘束，凭着各人的所学所感、所思所悟去判断是非，接触社会，体验人生，追求真理。经过一段时间的探索、争辩、选择，马克思主义赢得越来越多的群众，逐渐在中国生根成长、开花结果，取得了历史性的胜利。

中国人民之所以选择马克思主义，因为它是科学的、革命的理论。它使人能够正确地认识国情、洞察形势、制定战略策略，给人以智慧、力量和信心。它坚定地维护被压迫人民的利益，能够鼓舞群众，最大限度地动员群众。这一科学理论适应于已经成熟了的中国革命的要求。正像马克思所说："理论在一个国家的实现程度，决定于理论满足这个国家的需要的程度。"①

五四运动最伟大的建树是在中国传播了马克思主义。中国革命自从有了马克思主义的正确指导，就很快走出了低谷，迎来了高潮。而思想启蒙也有了更锐利的武器。此后，经过长期奋斗，终于推翻了帝国主义、封建主义的统治，建立了社会主义的新中国。

四、当前的文化建设和对传统文化的批判继承

当前，我国正处于社会主义改革开放的大潮中，五四时期思想启蒙的任务尚有待完成。我国是个疆域广阔、人口众多，经过 2 000

① 《马克思恩格斯全集》，中文 1 版，第 1 卷，462 页，北京，人民出版社，1956。

多年封建统治的大国，底子很薄，一穷二白，改变这种情况需要长期努力。我国的高素质人才占人口比例很小，文化教育设施落后，这是制约我们经济腾飞的重要因素。贫穷与愚昧，两者是牢固结合、互为因果的共存体，治贫必须治愚，治愚又必须治贫。我们当前最主要的任务是发展生产力，生产力中最重要、最活跃的因素则是人。生产工具、机器设备是由人制造和操作的，工厂、企业是由人进行管理的。现代化建设需要千千万万有理想、有道德、有文化、有纪律的人。改革的成功与否，取决于作为改革主体的人是否具备与改革相适应的文化素质。培育优秀文化，其中包括教育、科学、文化知识的发展，民主和法律的完善，以及人们思想、道德水平的提高，这是刻不容缓的任务。

我们的目标是建设社会主义的新文化。文化是人类在改造世界中产生的物质和精神成果，有什么样的客观世界、社会制度和什么样的改造活动，就会产生什么性质的文化成果。我们今天正在创造的是社会主义性质的文化，从总体和发展前途看，必定会超越世界上存在过的其他文化，但当它处在社会主义初级阶段时，却未必能在很多方面赶上或超过形成已久、历经锤炼、充分成熟了的其他文化。社会主义文化必然要把其他文化作为自己的先驱，汲取营养，取材借鉴，以利于自己的成长。发展社会主义文化的根本源泉是生活实践。生活实践将决定文化发展的方向，提供文化建设的模式、素材和动力。创造文化的过程即是总结新生活、解决新问题、发展新观念、产生新成果的过程。文化如果离开了生活实践，就成了无源之水、无本之木，必定会枯萎死亡。我们的文化建设与当前的现代化建设密切结合，应适应现代化建设的要求，在知识和科学水平方面有大幅度提高，在价值取向和社会心态方面有重大转变，并发扬民主、法治意识，提倡效率、平等、功利观念，尊重人的尊严和权利，在保障集体价值的同时发展个体价值。总之，我们仍将沿着五四运动所开辟的道路前进。

今天，我们在文化建设中，也像五四时代的先辈们一样，面对着如何对待丰富而复杂的中国传统文化的问题，不过处境、条件已变化，所以任务就有所不同。五四前夕，是历史上最黑暗的时期之一，尊孔复古的议论甚嚣尘上，复辟丑剧一演再演。五四的先辈们处在一个紧迫的战斗环境中，以廓清雾瘴、荡涤污垢、开辟新路为己任。我们已经完成了民主革命的任务，建立了新中国，进行了多年的社会主义建设。新中国成立后 30 多年中的挫折和失误深刻地教育了我们：要防止“左”的倾向，特别是不能重复“文化大革命”期间批判一切、否定一切的错误。我们的任务是对中国传统文化进行马克思主义的分析，深入研究，重新估价，取其精华，弃其糟粕，以丰富和发展社会主义的新文化。

文化传统是历史地形成的，是时代的、民族的产物。每个人都在传统的哺育下获得知识，培养能力，形成思维方式和价值取向。传统和我们的关系十分密切，我们既不能脱离传统，也不能自由地选择传统。但历史是不断前进的，传统只反映过去，一旦成为传统，它就凝固起来，偏离日益发展的新生活，有时会和新生活发生严重的冲突，成为前进中的包袱。传统和现代化是历史发展中的两个环节，既相互衔接又相互矛盾。传统是昨天的创造活动的积淀，又流注到今天和未来。而现代化是当前的行动目标，是前所未有的创造，是新生活的起点。现代化必然要冲击、改造、利用传统，为自己的胜利前进开辟道路。担负着现代化责任的人，对传统必然是有所继承、有所改造、有所革新、有所超越。

“取其精华，弃其糟粕”，这八个字是我们对传统文化的基本态度。既区别于全盘继承，无条件地接受；又区别于一笔抹杀，完全抛弃。我们既不是复古主义者，也不是民族虚无主义者。但对待传统文化需要长期研究，精心鉴别，不是乱套乱用这八个字的简单公式，分类处理，也不是拿这八个字代替艰苦、细致的工作。传统文化中，何者为精华？何者为糟粕？如何弃取？这些恰恰是难点之所在。精华与糟粕并非泾渭分明、一目了然，可以简单地挑拣。两者常常结合在一起，互相渗透、互相依存，在一定条件下甚至可以互相转化。研究传统文化，一定要结合它生成的历史环境，细致地解剖它的内容、多样化的形式以及发挥的功能，从宽广的视角进行考察，切忌简单片面、浮浅狭隘、急功近利的做法。

大概说来，传统文化有几种情况：

第一种属于自然科学、逻辑、语言、工艺技巧，以及全人类共有的知识内容、行为规范，这些都是人们在改造自然、改造社会中取得的共同成果，通常是没有阶级性或阶级性不强烈的部分。它有自身的发展规律，不是伴随经济基础的改变而急剧改变。它通过新知识的逐渐积累、新内容的不断丰富而代替、更新旧知识、旧内容。渐进性的积累、更新是其传承的特点，已有的知识内容和成果不是简单被抛弃，它们往往是取得新知识的基础，即使被取代以后，其合理内容仍被包容在新的文化成果中。这类传统文化的连续性和稳定性是很明显的。

第二种是传统文化中属于意识形态的部分，包括哲学、政治、法律、宗教、道德、文学、艺术的成果，也包括人们的心理、情绪、价值取向、某些典章制度、风俗习惯。这些属于观念和制度文化，较直接地反映时代特点和阶级利益。人们对其是非善恶的评价往往有较多分歧。相对于现实生活的发展变化，意识形态和制度、习俗相对滞后，这就会引发其与现实生活的脱节和冲突。我们所说评价传统文化的复杂性和难点就是指的这一部分，常常是精华与糟粕杂然并存，褒扬与贬斥截然对立，引起文化思想领域中激烈的两军对战。中国的传统文化产生于旧时代的农业社会，把它过分拔高，要它在中国以至世界的现实和未来生活中居于主导思想的地位，显然是一种奢望，是不可能做到的。但我们现在处在与五四运动不同的时代，是在从事长期的文化建设，有更多的时间进行细致的研究、探讨，有更大的可能去理解与宽容。除了坚决剔除确实有害于现代化建设的糟粕外，对历史文化遗产应当谨慎从事、小心保护，避免全盘否定、激烈破坏。

第三种是传统文化中的实物遗存，如名胜古迹、古器物、古建筑、古工艺品以及书籍字画等。这一类既非知识技能，又非观念制度，而是传统文化的物质载体，是中华民族的劳动创造和智慧结晶，体现着中国悠久灿烂的文明，可以鼓舞人们的爱国主义精神，增长人们的知识和能力，培养人们追求真善美和人们的高尚情操，可以在建设社会主义精神文明中发挥巨大的作用。这些历史文物是国家的瑰宝，当然要妥善保存和管理，不允许加以破坏。

第四种是传统文化中确属反动、落后的部分。如封建迷信，淫秽作品，荒诞不经的议论、传闻，野蛮、残忍的观念、习俗。这些理所当然要加以摒弃、淘汰。即使对待这些“有毒的内容”，也要慎重处理，区别包含在大量毒素中尚属合理的、无害的部分。全属糟粕的东西，自然不能使其泛滥，危害人民的身心健康，但从历史学、宗教学、民俗学、社会学、心理学的研究角度看，其中也包含着有用的研究素材，不可任意丢弃、消灭。对一切文化遗产，我们不能像封建统治者那样采取焚书、劈版、篡改、灭绝的愚蠢做法。

总之，我们所要建设的是富有创新精神的社会主义新文化，必须能够适应并促进现代化建设。我们既不能袭用传统文化的整个体系与思想观点，又不能与之脱离。正确的态度是改造、转换、创新、超越，用马克思主义进行细致的研究，使源远流长、内涵丰富的我国历史文化遗产能更好地为现实服务，以建立具有时代精神的、光辉灿烂的中华民族新文化。

五四时期先进知识分子的选择*

五四运动既是一场爱国救亡运动，又是一场文化启蒙运动。近年以来，其反封建文化启蒙的任务，特别受到大家的重视和关注。目前研究者流传着近代文化变革三阶段的论点。所谓“三阶段”，即指中国跨入近代社会以后，中西方文化发生激烈冲突，中国的旧文化节节败退，发生变化。洋务运动时期，文化的物质层面发生了变革。戊戌变法和辛亥革命时期，文化的制度层面发生了变革。到了五四运动时期，文化的观念和心理层面又发生了变革。这三个阶段递次演进，由浅入深，构成了中国近代首尾相贯、连绵不断的文化变革进程。五四新文化运动触及了社会最深处的观念和心理层面，因此，是中国传统文化与西方文化最深刻、最猛烈的撞击。这一撞击是如何发生的？它的背景和结果究竟如何？中国先进的知识分子如何进行文化选择？

西方近代工业文明，以蒸汽机、廉价商品和坚船利炮打开了代表东方农业文明的中国的大门。西方列强，一方面挟带来先进的生产力、社会制度、发达的科学技术，另一方面在中国大肆屠杀，到处压迫，显示原始积累野蛮掠夺的特征。这给中国的先进分子造成了憎恶与钦佩交织的困惑心理，中国人背负着被侵略的屈辱与悲愤，踏上了向西方学习，实现国家独立与近代化的艰难旅程。20 世纪之初“列强侵略”与“西方文明”几乎是同一概念的两种表达方式。五四时代的知识分子不得不把自己的心理划分成两个部分，一部分去排斥与抵抗帝国主义的侵略，另一部分又要从西方迎请姗姗来迟的德先生（民主）和赛先生（科学）。这种人格的内心分裂是中国近

* 原载《中共党史研究》，1989 年第 3 期。本文是与杨念群同志合写的。

代知识分子的普遍心理，更是五四一代的矛盾与苦闷。

五四文化启蒙运动在什么环境中产生，已有很多书籍和文章详细论及。这里要强调的是：五四运动上距辛亥革命只有 8 年，中国民主革命的伟大成果是推翻了清朝政府，使得封建的皇冠跌落尘埃，两千多年的专制帝制垮台了。长期统治中国的政治轴心一旦崩塌，释放出强大的思想能量，并造成政治上的真空和失衡，使得随后发生的一次猛烈的思想解放运动成为必然与可能。传统的政治轴心——封建帝制被推翻了，而传统的文化轴心——儒学尚未立即倒塌，由于历史惯性的作用，它仍然发挥很大的影响，支配着人们的内心深处。一切旧势力企图利用旧的“文化轴心”以重建旧的“政治轴心”。袁世凯演出洪宪丑剧，捧出儒家，祭天祀礼；康有为、陈焕章、梁鼎芬等建立孔教会，在读经复古声中大做复辟梦。五四运动中的先进分子认识到帝制与儒学相表里，皇权阴魂不散和社会乌烟瘴气的重要原因是尚未彻底崩塌的文化轴心在起作用，儒家的纲常伦理深入人心，流毒太深。如果不正本清源，不摧毁传统的文化轴心，它必然会再次成为复辟活动的护符与实现国家富强的阻力，必将使辛亥革命的成果彻底化为乌有。于是，历史舞台发生变换，以前从事政治结构改造的革命家因无可着手而暂时退到第二线，致力于文化启蒙的思想战士们披挂上阵，转到历史的前台。陈独秀、李大钊、鲁迅、胡适、刘半农、钱玄同、周作人等脱颖而出，展开口诛笔伐，对传统文化价值提出诘难。陈独秀说：“政治界虽经三次革命，而黑暗未曾稍减，其原因之小部分，则为三次革命皆虎头蛇尾，未能充分以鲜血洗净旧污。其大部分，则为盘踞吾人精神界根深底固之伦理、道德、文章、艺术诸端，莫不黑幕层张，垢污深积，并此虎头蛇尾之革命而未有焉。此单独政治革命所以于吾之社会，不生若何变化，不收若何效果也。”① 既然虎头蛇尾的政治革命因意识形态的阻力而不能进行到底，那就必须有一场文化运动“摧廓而澄清之”。因此，政治体制的设计、宪法细则的讨论、铁路计划的理

① 陈独秀：《文学革命论》。

想，从前流行的热门话题逐渐被淡忘，而代之以对伦理观念、价值结构、文化选择以至文学体裁的激烈争议。在激昂的情绪下，《新青年》杂志吹响了向传统文化轴心——儒学出击的冲锋号。陈独秀指出："如今要巩固共和，非先将国民脑子里所有反对共和的旧思想，一一洗刷干净不可，因为民主共和的国家组织、社会制度、伦理观念和君主专制的国家组织、社会制度、伦理观念全然相反，一个是重在平等精神，一个是重在尊卑阶级，万万不能调和的。""这腐旧思想布满国中，所以我们要诚心巩固共和政体，非将这班反对共和的伦理文学等等旧思想，完全洗刷得干干净净不可"①。吴虞说："到了如今，我们应该觉悟，我们不是为君主而生的，不是为圣贤而生的，也不是为纲常礼教而生的！什么'文节公'呀，'忠烈公'呀，都是那些吃人的人设的圈套，来诳骗我们的，我们如今，应该明白了，吃人的就是讲礼教的，讲礼教的就是吃人的呀"②。自从这些先进分子登高一呼，万众景从，知识界迅速把注意力从对政治结构的关注，转向了对传统文化价值的批判，而这一批判，也正是为了从更深的层次寻找设计未来政治结构的途径。

五四新文化运动作为中国迈向近代化社会的一个阶段，与以往历次运动的一个显著区别即在于，它并未对应于任何一个政治轴心，亦即不以任何政治权力为依托。中国近代史上的几次运动，如洋务运动和戊戌变法，在改变文化的物质层面和制度层面时，均围绕清王朝这一政治轴心来进行；辛亥革命，以共和取代专制，目标是建立临时革命政府这一新的政治轴心，临时革命政府的让权解散亦即标志着革命的失败。五四时代的知识分子是在政治轴心失落的条件下进行文化批判和选择的。民国的历届政权，分裂争夺，腐败无能，失尽人望，没有人对这些军阀政权抱什么幻想。这些政权亦失去了控制思想界的权威和能力。正因为失去了政治轴心作为文化选择的目标与依托，因此，五四知识精英大多带有迷惘困惑的情绪，他们"彷徨"于原野，"呐喊"于荒郊，面对传统儒学的庞然大物，不知

---

① 陈独秀：《旧思想与国体问题》。

② 吴虞：《吃人与礼教》。

道自己的“呐喊”会产生多大回声，他们抱着人醉我醒的态度，愤世嫉俗，知其不可而为之，暂时还看不见黑暗尽头的微曦。

从中国历史上看，政治轴心（政统）和文化轴心（道统）是高度连为一体的。自从春秋战国之际，以“道统”自任的“士”出现以后，“政统”与“道统”处在专制主义的统一体中，在矛盾中共存。表面上看，圣贤之道是士大夫总结历史经验和发扬内在智慧的理性产物，似乎可以游离于政治轴心之外，成为社会的批判力量，实际上皇权与圣道密不可分。道统依附于政统，必须靠政统作支持，而政统垄断了道统，必须以道统作护符。即使改朝换代，皇权更迭，圣道也会随之转向而很快依附于新皇权，独立的道统是不存在的，圣道总要与皇权沟通，受皇权制约。圣道的最高使命是“应帝王”，所谓“内圣外王”就是发挥知识界的聪明才智去巩固和延续封建皇权。失去了帝制这一政治轴心，传统文化从总体上失去附丽，变成了飘荡不定的幽灵游魂。这一点和西方国家有很大差异，西方政权与教权的分离，使得知识与文化价值系统不完全是政治的附庸，而取得了一定的独立地位。中国知识分子，作为“圣道”的载体和阐释者，一旦与“政统”脱离而失去依附，一方面产生了失落感而迷惘无所措，而另一方面也因脱去了政治的羁勒，不再为腐败的政治修补粉饰，而具有了独立存在和自由选择的可能性。五四以前的改革者，在引进外国文化的时候，举着“中学为体、西学为用”的旗帜，声称是为了保卫中国传统的文明，“其心圣人之心，行圣人之行，以孝悌忠信为德，以尊主庇民为政，维朝运汽轮，夕驰铁路，无害为圣人之徒也”①。戊戌变法时，康有为上折请尊孔学为国教，说“惟有孔子，真文明世之教主”。“今所编撰，特发明孔子为改制教主，六经皆孔子所做，俾国人知教主，共尊信之。皇上乙夜览观，知大圣之改制，审通变之宜民，所以训谕国人，尊崇教主，必在是矣”②。也有的改革者小心翼翼地引经据典，声称外国的枪炮船舰、机器铁路、声光化电、立宪共和统统都是中国古已有之的货色，只

① 张之洞：《劝学篇·会通》。

② 康有为：《请尊孔圣为国教，立教部教会，以孔子纪年而废淫祀折》。

是后世失传了，流入西方，“礼失求诸野”，于是引进西方新文化变成了恢复中国旧典章。所谓“西学之擅长者，亦精于天算格致，其学固中国所有，而尤得其统宗”①。“泰西开国至今历年未久，故其人情风俗，尚近敦庞，犹有上古气象，即此一事（指开议院），颇与三代法度相符”②。所有这些说法，既反映了中国知识分子“华夏中心主义”的自大心态，以为西方的先进文明无非是远古华夏文明之光的再现；又自觉或不自觉地要在顽强的中国本位文化面前减少变法改革和引进外来文明的阻力。但这种心态也使新文化迟迟不能摆脱附庸地位，而显示自身全新的价值。

五四时期的知识分子比他们大大地前进了一步。不是借古人之魂去扶起已经倾倒了的政治轴心，也不是在新的文化价值体系身上硬加一件古色古香的外衣，而是脱离了“政统”，解放了思想，以辛辣的语言、鲜明的观点去批判沦为政治婢女的旧的文化价值体系，以热烈的态度、饱满的激情去欢迎“德先生”和“赛先生”，企图独立构建新型的“文化轴心”。他们不是借孔子的亡灵，吐维新之隽语，而是在西方思潮涌入的狂涛巨澜中，破浪击水，奋力前行。易白沙在《孔子平议》中说：“国人为善为恶，当反求之自身，孔子未尝设保险公司，岂能替我负此重大之责。国人不自树立，一一推委孔子，祈祷大成至圣之默祐，是谓惰性”，并列举孔学的四大弊病，“孔子尊君权，漫无限制，易演成独夫专制之弊”；“孔子讲学不许问难，易演成思想专制之弊”；“孔子多绝对之主张，易为人所借口”；“孔子但重作官，不重谋食，易入民贼牢笼”③。吴虞称：“孔氏之徒，湛心利禄，故不得不主张尊王，使君主神圣威严，不可侵犯，以求亲媚”④。钱玄同说：“欲袪除三纲五伦之奴隶道德，当然以废孔学为唯一之办法”⑤。这种鄙视圣人、抨击传统成为五四知识精英的普遍心态，不是借用古圣贤的字句，而是从西方知识武库中拣起

---

① 屠仁守：《屠光禄疏稿》卷四，《奏陈变通书院章程疏》。

② 《戊戌变法》（1）：郑观应，《论议院》。

③ 易白沙：《孔子平议》（上）。

④ 吴虞：《儒家主张阶级制度之害》。

⑤ 钱玄同：《中国今后之文字问题》。

刀枪，向着旧文化、旧传统、旧教条挑战，凭借个人的所学所感、所思所悟去判断是非，体验人生，寻求救国救民的方案，由此引出的结果，必然是文化价值标准的多元化，冲决网罗，否定道统，推倒旧的文化轴心，任意从某一个视角出发，以任何一种西方学派、西方思想家的论点为依据，进行文化反思。一时之间，俄国托尔斯泰的“泛劳动主义”，克鲁泡特金的“互助论”，杜威的“实验主义”，柏格森的“生命哲学”，尼采的“超人意志”，欧文、傅立叶的乌托邦，白璧德的“新人文主义”，法国的“工团主义”，日本武者小路的“新村主义”，马克思列宁主义以及各种名目繁多的无政府主义、社会主义，风起云涌，显示出了价值无中心的失衡状态。

五四时代，和西方各种思潮的涌入相适应，出现了各式各样的知识分子，既有视传统为敝屣的“西化热”者，也有面向古代的“国粹派”，既可以头戴外国学士帽，口诵“科学主义”，也可以放浪形骸，脱却羁绊，大做无政府的黄粱梦。在失去政治依附和没有社会约束的条件下，进行文化选择，真可谓百花齐放，万舸争流，显示出“万木霜天竞自由”的蓬勃景象。

“政治轴心”和“文化轴心”同时失落，知识分子无所依傍，探索追求，分化组合，随着时间的演进，基本上分成为三个群体。

第一个群体是以胡适、吴稚晖和后来的陈序经为代表，他们主张扔弃传统，使中国文化彻底脱胎换骨，接受西方文明，被称为“全盘西化派”。胡适曾激动地高呼：“只有一条生路，就是我们自己要认错。我们必须承认，我们自己百事不如人，并且道德不如人，知识不如人，文学不如人，音乐不如人，艺术不如人，身体不如人。肯认错了，方才肯死心塌地的去学人家，不要怕模仿，因为模仿是创造的准备工夫，不要怕丧失我们自己的民族文化，因为绝大多数人的惰性已尽够保守那旧文化了”①。后来，陈序经说：“百分之百的全盘西化，不但有可能性，而且是一个较为完善、较少危险的文

① 胡适：《介绍我自己的思想》。

化的出路”[①]。但事实上，传统是一股切不断、丢不掉的强大力量。它从过去流注到现在，又奔向未来。每个人都在传统文化的氛围中受教育、受熏陶。传统可以改造、转换、超越，恰恰不能完全扔掉，人类不可能一下子脱离开生长自己的土壤。“全盘西化论”不仅违逆了人们的寻根心态，而且在实践中也行不通。主张完全丢弃传统文化的人往往在内心深处不自觉地保存着相当强固的传统地盘。

另一个知识群体以梁启超、张君劢、章士钊、梁漱溟为代表，试图在失去“政治轴心”的支持下，接续儒家传统，弘扬东方学术，企图以儒学（宋明理学）为框架来吸收西方文化，开辟一条近代化的道路。他们主张社会普遍和谐的观念，认为道德和精神的圆融是未来的进步标志，坚持维护中国传统文化的价值，以为欧美国家以血与火的代价取得文明进步并不是最佳的选择。梁启超曾是引进西方思想的启蒙者，但五四以后，周游了欧洲，却大加赞赏传统文化。他说“近来西洋学者，许多都想输入些东方文明，令他们得些调剂。我仔细想来，我们实在有这个资格”[②]。梁漱溟在比较东西方文化的发展路向后，认定中国文化是世界未来的出路，西方虽然在工业文明方面有突破性的成就，但精神方面却未闻大道，不能解决物质高度发展所带来的精神困惑，唯有孔子的学说，“顺着自然道理，顶活泼、顶流畅的去生发它，以为宇宙总是向前生发的，万物欲生，即顺其生，不加造作，必能与宇宙契合，使全宇宙充满了生意春气”[③]。章士钊则提倡“物质上开新，道德上复旧”；“国粹不灭，欧化亦成”[④]。他们热心于重建儒家传统，作为新时代的“文化轴心”。事实上，儒家文化产生于古代农业社会，虽然其中有不少精华可以也必定会被吸收、融合在新建构的未来的文化大厦中，但它的价值体系和整个思想框架，却与近代工业社会的生活格格不相容。以伦理为中心的儒家文化强调群体和谐与人的责任感，却缺少民主、科

① 陈序经：《全盘西化的辩护》。
② 梁启超：《欧游心影录》。
③ 梁漱溟：《东西文化及其哲学》。
④ 章士钊：《新时代之青年》。

学、法制、人权、效率等使社会走向近代化所必需的文化基因。传统重建或儒学复兴，实即“中体西用”的翻版，不可能成为建设新文化的指导思想。

中国走向近代化的模式选择，从一开始就不是整体性的选择，而是适应当时人们的局部认识和暂时需要的片面性选择。洋务派选择了船炮机器，维新派选择了君主立宪，革命派选择了共和、国会，五四的先进知识分子选择了民主、科学，并进而接受了马克思主义。从变革递次演进的角度看，他们接触到了最深层次的文化价值。但辛亥革命以后，中国历史的中心课题，是要建立新的政治轴心，即是一个能适应近代化进程的民主的、有权威的政府，在中国这样一个地域广大、人口众多、小农占人口绝大多数的传统农业社会里，没有这样的政治轴心，任何迈向近代化的努力，都是心劳日拙，无济于事的。从一定意义上说，五四新文化运动对文化轴心——传统儒学——的猛烈批判，即是服务于政治轴心的重建。新的政治轴心需要新的文化轴心来维护，而新的文化轴心的确立也只有在新的政治轴心树立和巩固之后，才有可能。这样，无论“全盘西化派”或“传统重建派”，在政治轴心失落的情况下，企图构筑文化轴心的努力都变成为不切实际的空谈，只能在报纸杂志上论说纷纭，打笔墨官司，缺乏实际意义。而对立各方对东西方文化的内容、特点大多浮光掠影，浅尝辄止，来不及进行深切透彻的研究。五四时代提出了“科学”与“民主”，这是重大的进步。但很多人以之为口头禅，对民主的真正含义并不了然。民主是权力制衡的机制，是逐渐生长的有机体，是民主程序的形成和民主意识的觉醒，很多人却想以道德批判为切入点，一步登天，实现民主变革，缺少以法治观念为标志，建构有中国特色的民主体制。至于“科学”的口号，在西方有着自然科学发展的长期背景。17、18 世纪，由于数学、物理、天文学方面的突破，更新了宇宙观念和思维方式。于是，从科学原理到宗教教义，从哲学思辨到艺术鉴赏，从伦理规范到政治、法律，一切都在重新研究，拿到理性的审判台前接受检验。中国缺乏科学革命和哲学思辨方式的变革，要在迷信盛行、文盲遍地、封建主义统治下的中国土地上，嫁接科学之树是十分艰难的。总之，脱离了反帝反封建的斗争，脱离了对社会的改造和政治轴心的重建，在文化领域中孤立地努力，纵然也有点滴的功效，但在总体上是徒劳无功的，不可能重建中国的新文化。

在五四时期和以后，还有另一种类型的知识分子，他们怀抱爱国热忱和远大理想，积极投身社会实践，在实践中选择西方的各种学说，摸索救国的真理，如陈独秀、李大钊、毛泽东、蔡和森、周恩来、恽代英、邓中夏等。他们与前两个知识群体不同，把文化的重建和社会的改造密切结合起来，使思想启蒙运动走向广大的工农群众，使文化重建的努力不停留在书斋中，他们当时大多数是才华焕发、富于理想的青年，以"粪土当年万户侯"的豪情壮志，指点山河、激扬文字；他们大多崇拜过梁任公的如椽之笔，追随过辛亥革命的义旗，信奉过西方传来的这种和那种"主义"。在如火如荼的五四爱国运动和文化反思中，他们认识到了政治和社会改造的重要性。《新青年》创办时的宗旨是不谈政治的，但后来，陈独秀说，"我承认用革命的手段建设劳动阶级的国家，创造那禁止对内、对外一切掠夺的政治、法律，为现代社会第一需要"①；李大钊说："我们最近发表的言论，偏于纸上空谈的多，涉及实际问题的少，以后誓向实际的方面去作"②；毛泽东说：当时知识界"一味的'耗矣哀哉'激刺他人感情作用。内面多是空空洞洞，很少踏着人生社会的实际说话"，"人人思想界，便不容易引入实际去研究实事和真理了"③；蔡和森到达法国后，于1920年8月写信给毛泽东："无政权不能集产，不能使产业社会所有。换言之，即是不能改造经济制度。无政权不能保护革命，不能防止反革命，打倒的阶级倒而复起，革命将等于零"④。他们摒弃了空言侈谈，文字游戏，主张笃行实践，学用结合。当时，少年中国学会组织过工读互助团，恽代英在武昌

① 陈独秀：《谈政治》。

② 李大钊：《再论问题与主义》。

③ 《健学会之成立及进行》，载《湘江评论》临时增刊第1号，见《毛泽东早期文稿》，363页，长沙，湖南出版社，1990。

④ 《新民学会会员通讯录》第3集。

办过互助社，还有一些青年鼓吹过“新村”。这些带有空想色彩的局部的社会改造计划相继失败，证明和平的、改良的道路走不通，促使先进的知识分子从思辨和空想中觉醒，从无数的学派和“主义”中摆脱出来，迅速向着马克思主义迈进。

李大钊是中国最早的马克思主义者。1918 年，他在《庶民的胜利》《布尔什维主义的胜利》中热情讴歌俄国的十月革命。1919 年，他撰写《我的马克思主义观》，系统地阐明了马克思的唯物史观、阶级斗争理论和剩余价值学说。陈独秀在 1920 年初发表《社会改造的方法与信仰》的演说，提到“打破阶级的制度，实行平民社会主义……应归为社会的共产”，显示他正在从民主主义者转变为初步的共产主义者。与此同时，大批青年知识分子，一方面深入工农，面向社会，组织群众，投身于革命实践；另一方面勤奋钻研，孜孜不倦，或创办报刊，或组织团体，或留学国外，努力学习和宣传马克思主义，把马克思主义和中国工人运动相结合，1921 年，中国共产党诞生。从此，中国革命走出低谷，迎来高潮，面貌焕然一新。

五四新文化运动的最重要成果是先进知识分子选择和接受了马克思主义，作为观察世界、拯救国家、改造社会、推动革命的思想武器。这一选择是历史的必然，是中国政治和文化史上的伟大转折，它使政治轴心和文化轴心的重建有了可能，使民族和国家有了希望，使中国革命从“山重水复疑无路”走向“柳暗花明又一村”。

先进的知识分子所以选择和接受马克思主义，这是因为马克思主义理论是科学的、革命的世界观、方法论。它能够正确地分析中国的国情，阐明中国半殖民地半封建社会的性质和特点，阐明国际帝国主义的侵略、腐朽的本性及其矛盾。它可以指出中国社会肌体上的种种病症，对症下药。马克思主义是行动的指南，它强调实践的重要性，从实际出发，身体力行，强调主体对客观世界的能动改造，它并非经院式的学理探讨，亦非虚无缥缈的浪漫玄想，而主张脚踏实地，通过革命途径，建立无产阶级专政和社会主义国家，以消灭人间的剥削和不平。马克思主义既强调在革命斗争中严格的纪律，又充分尊重群众的民主权利和创造精神，能够充分调动和发扬蕴藏在群众中的革命潜力，马克思主义为革命政党提供了制定正确战略策略的理论基础。正像马克思自己所说："理论在一个国家的实现程度，决定于理论满足这个国家的需要的程度。"① 正因为马克思主义的正确并适合中国的需要，它在中国迅速传播，战胜和排除了流行一时的各种学说和"主义"，成为中国革命的指导思想，发挥出惊天动地的威力。

五四以后的这些年，中国人民在马克思主义指导下对中国社会实行革命改造和建设。经过长期艰苦的斗争，1949 年中华人民共和国诞生，这标志着一个肩负重振中国、复兴民族的新的政治轴心建立起来了。中国人民更深入地学习并运用马克思主义，使它在和中国革命实践的结合中大大地丰富和发展。当然，我们遭遇到了许多困难、挫折和错误、失败。但马克思主义这一科学理论，经历了历史的考验，在这些年的曲折路途上，一直引导着我们跨越险滩，绕过暗礁，胜利前进。马克思主义的巨大指导作用是有目共睹的，它既是今后社会主义经济和政治建设的指针，也将成为能够包容、吸收中外古今思想精粹的社会主义的文化轴心。这些年的历史证明：五四时期先进知识分子的选择是正确的，中国人民将继承五四的传统，沿着马克思主义指引的道路，坚定不移地向着社会主义现代化迈步前进。

---

① 《马克思恩格斯全集》，中文 1 版，第 1 卷，462 页。

图书在版编目（CIP）数据

从历史中汲取智慧：为什么要学习中国近代史/戴逸著. --北京：中国人民大学出版社，2021.10
ISBN 978-7-300-29886-3

Ⅰ.①从… Ⅱ.①戴… Ⅲ.①中国历史-近代史-研究 Ⅳ.①K250.7

中国版本图书馆 CIP 数据核字（2021）第 189425 号

从历史中汲取智慧
——为什么要学习中国近代史
戴逸 著
Cong Lishi Zhong Jiqu Zhihui

出版发行	中国人民大学出版社		
社　　址	北京中关村大街 31 号	**邮政编码**	100080
电　　话	010－62511242（总编室）		010－62511770（质管部）
	010－82501766（邮购部）		010－62514148（门市部）
	010－62515195（发行公司）		010－62515275（盗版举报）
网　　址	http://www.crup.com.cn		
经　　销	新华书店		
印　　刷	涿州市星河印刷有限公司		
规　　格	160mm×230mm 16 开本	**版　　次**	2021 年 10 月第 1 版
印　　张	11 插页 3	**印　　次**	2021 年 10 月第 1 次印刷
字　　数	143 000	**定　　价**	69.00 元